9歳からの読解力は家で伸ばせる！

国語・算数・理科・社会の学力が一気に上がる

学習塾ロジム代表
苅野進

青春出版社

読解力は、これからの時代に必要な力

1
わが子が9歳になると、急に読解力の重要性に気づく保護者の方が増えます！
2
文章題が増える
「読解力」でのつまずきが急増します
3
読解力のせいで全科目で差が出始める！
この頃から、中学入試を意識し始めるご家庭も増えてきます
4
日本語の誤りに接すると、親も子も腹が立つ！
ちゃんと読んで！
読んでるよ！
修羅場になるだけ……
5
テストに対応できるように読む
全部見る
子供と大人の「ちゃんと読む」にはズレがある
6
文章についてのルールを知って、ルール通りに読む技術を身につけることが大事！

読解力がないと、、、
・指示を読み間違える
・的外れな回答をする
・条件を読み飛ばす
7
全科目で問題が発生！
しかも読解力は、
読書をしても伸びるわけではなく、
「気合い」では改善せず、
練習しなければ伸びません！
8
学習塾ロジムは、
論理的思考力を
ベースにした
全科目の指導を
20年間行なってきました
そして、
読解力に特化した
論理的に読む技術を
指導してきました
9
ロジムが読解力のトレーニングを
始めた理由は……
問題の意図や、
解説を理解できないと
学習が進まない！
「集中して」
「大事な所に気をつけて」
という漠然とした指導では、
子供達が
「どう読めばいいのかが
わからない」
10
論理的読解力が身につくと、
教科書を理解できる！
問題を正しく理解できる！
全教科の学力が
同時に一気に伸びる！
問題解決力も高まる！
だから！
11
読解力を伸ばすコツは
読み取ることだけに集中する
読み間違いの
事例に数多く触れる
という２つを意図した
練習を行なうこと！
12

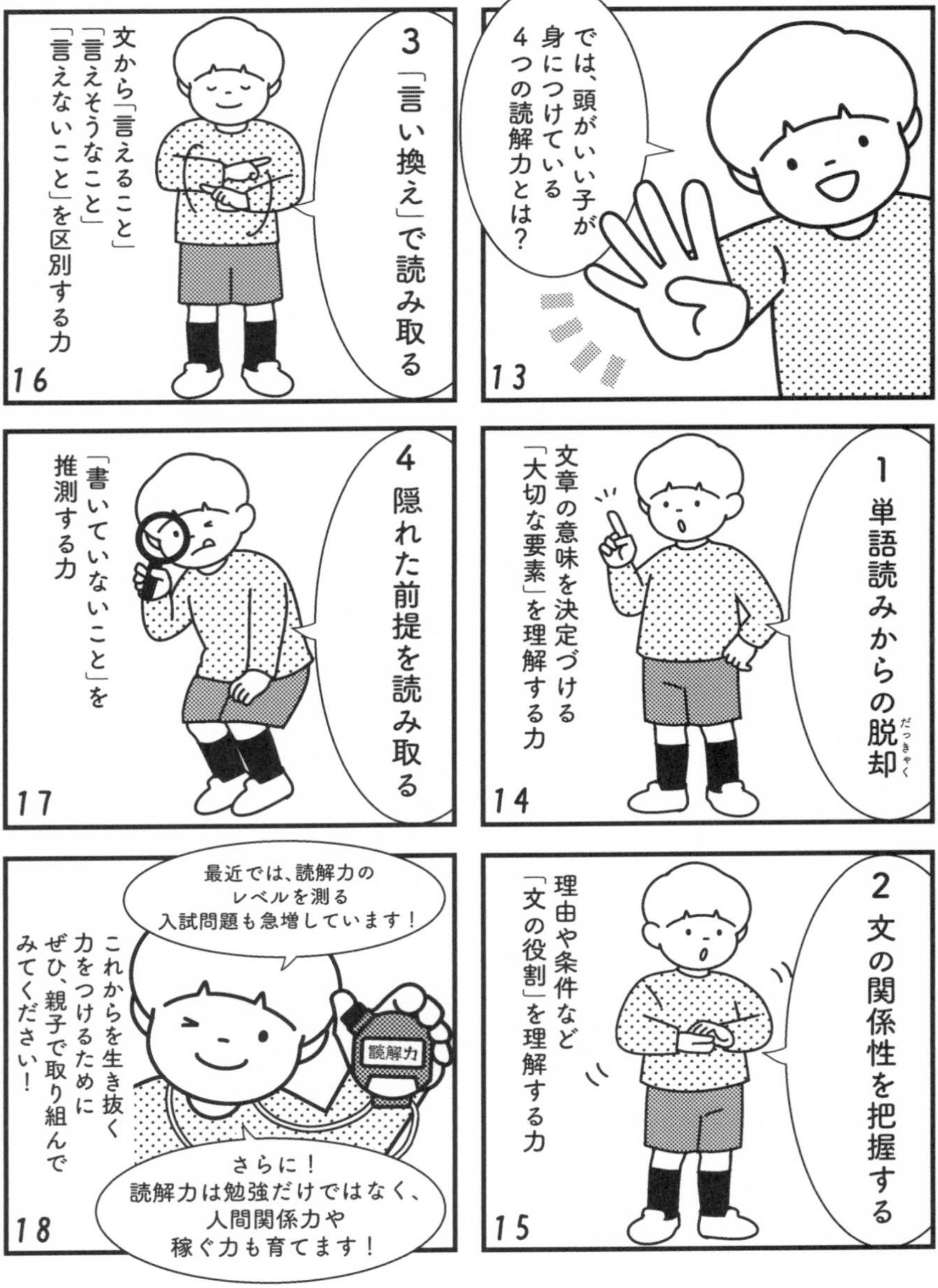
13
では、頭がいい子が身につけている4つの読解力とは？
14
1 単語読みからの脱却
文章の意味を決定づける「大切な要素」を理解する力
15
2 文の関係性を把握する
理由や条件など「文の役割」を理解する力
16
3「言い換え」で読み取る
文から「言えること」「言えそうなこと」「言えないこと」を区別する力
17
4 隠れた前提を読み取る
「書いていないこと」を推測する力
18
最近では、読解力のレベルを測る入試問題も急増しています！
読解力
これからを生き抜く力をつけるためにぜひ、親子で取り組んでみてください！
さらに！読解力は勉強だけではなく、人間関係力や稼ぐ力も育てます！

はじめに——なぜ、「ちゃんと読みなさい」と言っても、解決しないのか？

読解力は、国語の問題を解くためだけの力ではありません。

国語だけではなく、算数、理科、社会、全科目の学力を同時に、一気に向上させるための力です。さらに、論理的に考えて問題を解決するために必要な力です。

「読解力は、子供が賢く生きるための根本である」

この本を手に取ったあなたは、この事実にお気づきだと思います。

勉強を教えていて、試験の結果を見て、

「ちゃんと読みなさい！」

「書いてあるでしょ！」

と、叱(しか)ってしまうことは多いのではないでしょうか。

親は初めのうちは、「ちゃんと読む」とは注意力や集中力、気持ちの問題だと片づけてしまいます。ですから、「次から気をつけなさい！」と語気を強めてすませます。

しかし、あなたはすでに感じていらっしゃるはずです。

「よく読む」とは、精神論では解決しない、練習しなければ身につかないスキルです。

ロジカルシンキング（論理的思考力）をベースにした全教科の指導を20年にわたっ

て実践してきた学習塾ロジムでは、「よく読む力」の指導を最も重視してきました。
それには、２つの理由があります。

●「読解力に特化したトレーニング」をしなければ伸びない！

1つ目は、世の中で行なわれている読み方の指導が**「次から集中して、しっかり読みなさい」「大事な所に気をつけながら、ゆっくり読みなさい」**という具合に、あまりに漠然(ばくぜん)としているからです。

そして、そう指導された子供達は、「よく読んでいるつもり」になるだけで、「具体的に自分に何が足りないのか？」「どうすればよく読めるようになるのか？」を理解できていません。結果として、読解力がいつまでたっても身につきません。

2つ目は、よく読めないと**「問題を理解できない」「解説を理解できない」**からです。ちゃんと読めないと、「学びの大前提」が成り立たないのです。これでは、いくら丁寧に解説しても意味がありません。

私たちは危機感を持って、「読解力」を分析し、効果的な教材開発・指導と、保護者のみなさんへの情報提供を行なってきたのです。

●保護者の方々から大好評の「読解力の授業」を1冊にまとめました！

この本の一番の目的は、**「よく読む」ということを「具体的に理解する」**ことです。これによって、親も子供達も「どうすれば、よく読めるのか？」が明確にわかります。

「文章を読みながら気をつける〝ポイント〟と〝対策〟」が、具体的にわかるからです。

本書では、ロジムで独自に開発して、実践している**「読解ドリル」**（読解力を伸ばすことに特化した授業で使用しているもの）も紹介していきます。

ロジムでは、「よく読むための技術を教える」だけではなく、「よく読むとは、どういうことか？」を理解し、読解力が高まるように設計したオリジナルの「読解ワーク」を実践しています。ご自宅での学びの一助になるので、ぜひ参考にしてみてください。

●9歳から始めれば安心！「親が子供に与えられる最大の財産」

今、「教科書が読めない」「問題を読み間違える」「文章題が苦手」という子は、大変多いのですが、「よく読みなさい」という精神論的指導しかされていないので当然といえば当然でしょう。

家で勉強を教えていて、「なんで読めないいんだ！」と頭にきたり、絶望する保護者の方からのご相談も増えています。絵本や物語の読み聞かせで文章に触れる時期を過ぎ、中学受験を意識し始める時期になると、読解力の重要性に気づく保護者の方が増えるのです。

私の経験から言えば、**9歳から子供の読解力をトレーニングしてあげれば安心です。**受験はもちろん、大人になって仕事を始めても、読解力は最強の武器となります。

また、論理国語が高校生の履修科目になりました。大学入試では評論の出題割合が高いため「論理国語」を選択する子供は増えることでしょう。読解力の重要性が高まっています。

長い人生、子供達が幸せに生きられるようにしてあげるのは親の役目です。

この本によって、「読解力」の正体をつかめば、テストの問題を解く力だけではなく、世の中にある情報を正しく理解して、吸収し、さらには、人との対話からも多くを学ぶことができるようになります。

いずれ巣立っていく子供達に、私達大人が与えてあげられる最大の財産が「読解力」なのです。

ぜひ、第1章から読んでみてください。

学習塾ロジム代表　苅野進

目次

はじめに
――なぜ、「ちゃんと読みなさい」と言っても、解決しないのか？ 6

第1章 「読解力」は学力の一丁目一番地

~雑な指導をするから「問題」も「解説」も読めない！~

「自分で学び、自分で学力を伸ばす」ための根本的な方法 18
「読解力」は学力差の最大要因 19
実は、「大人に読解力がない」という問題――「ちゃんと読む」とは？ 21
「読解力」をつけると、全科目の点数が一気に上がる！ 23
文章にはルールがある。だから〝読み方〟を知ればいい 26
教育関係者の間で話題となった「麻布中の問題」とは？ 29

読解力のレベルを測る入試問題が急増している　32
解く力だけではなく「読む力」まで求められる時代　33
「私が読解力がないから…」とあきらめなくて大丈夫！
親だからできることがある！　39

第2章 「ちゃんと読む」って、どういうこと？【読解4つのコツ】

～「インプット力」を伸ばし、「読み間違い」をなくす～

子供の「ちゃんと読んだ」とは「全部見た」である　42
「まるごし読解力」で子供達は困っている　45
「ちゃんと読む」ための4段階とは？　47
問題を〝インプット〟できないと、当然解けない　51
「読解力向上に特化した問題」を解かせるしかない！　54
選択型より「間違いを説明する」問題に意味がある　56

「こういう読み方をしてはダメだ！」にたくさん触れることがカギ —— 60
子供だって腹が立つから、たかしくんを登場させよう！ —— 63
上級者でもピンチな状態では「読解力」が下がる —— 65

第3章 頭がいい子は「ボックス読み」していた！

～【読解力の分解トレーニング①】「単語読み」からの脱却～

「ジャイアンツ」に飛びつく子供達の習性 —— 68
「単語読みから脱却する」ための2つのポイント —— 70
子供は「読む」より「選ぶ」「計算する」を優先してしまう —— 73
「主語を確認」するようになる練習 —— 75
わざと読み間違えて、子供を楽しませよう —— 79
「2階建てボックス」で単語読みから脱却！ —— 80
空欄が目に入るメリット —— 81

間違い探し型にして「勘で選ぶ」のをやめさせる 84
保護者の方からよく相談される「ヒントの出し方のコツ」 86
読解練習の題材は「国語の教材」以外がいい！ 88
「てんとう虫ボックス」で基本3情報を読み取る 90
ごちゃごちゃの中からも、主語がスッキリ見つかる！ 94
解像度の高い読み方とは？――「主語・述語・条件／理由」 97
「問い」を忘れないための「二重てんとう虫ボックス」 99
なぜ、全く的外れな答えをしてしまうのか？ 104
条件に目がいけば「普通」と「特別」を区別できる！ 109

第4章 複雑な文章を〝スッキリ理解〟する図の3技術

～【読解力の分解トレーニング②】文の関係性を把握する～

比較表現で混乱しないための「図」の技術 114

文章のつながりをチャートで把握しよう――118
問題を見やすくする「時系列チャート」とは?――125
これで、「人・時・場所」の変化を一目で把握できる!――133
計算の順番まで確認できる「時系列チャート」――136
やりとりを見える化するから、いくつ主語があっても大丈夫!――139
すごろく感覚で「場合分けチャート」を使ってみよう――141
「原因は2つ」がポイント!「原因チャート」――153
「めんどくさい」との戦いに勝てる子に育てる――159

第5章

「書いていないこと」まで読み取らなければ正解できない!

〜【読解力の分解トレーニング③】言い換えで読み取る〜

入試では「書いていないこと」まで読み取ることが求められる!――164
「国語の言い換え」問題を知る――抽象・具体を行ったり来たり――168

常に言い換えながら読む 174
東大の「記述」すら対応できる「言い換え」作業 179
算数も「言い換え」で解ける！ 182
言い換え力を高める「逆」「裏」「対偶（たいぐう）」とは？ 184
できる子は、「しらみつぶしに言い換える」のが速いだけ！ 187
誤答に導く3つのひっかけパターン 191

第6章 ここまでできれば、もう万全！「読解の上級テクニック」

～【読解力の分解トレーニング④】隠れた前提を読み取る～

なぜ、お弁当を隠したのか？——感情語の「読み取り」と「付け加え」 198
「今年」は書いても「去年」は書かない？——比較対象は隠されている 201
「は」が比較の目印 203
「形容詞・副詞」で特別感を見つける 205

「当然の前提は書かれない」というルールを知っておくこと！―― 207
「暗黙の常識・ルール」は大人が〝きちんと説明〟してあげること！―― 211
「理解できない結論」には、隠れた前提がある！
――違和感と対話する習慣を持とう―― 215

エピローグ まずは大人が理解し、変わろう
～子供の読解力を伸ばせるのは、あなたしかいない～―― 220

おわりに――最後にお父さん、お母さんに伝えたいこと―― 224

イラスト　伊藤カヅヒロ
編集協力　森下裕士
ＤＴＰ　野中賢・安田浩也
（システムタンク）

第1章

「読解力」は学力の一丁目一番地

～雑な指導をするから
「問題」も「解説」も読めない！～

「自分で学び、自分で学力を伸ばす」ための根本的な方法

私はロジムの塾長以外に企業のコンサルタントもしていますが、この仕事の職業病に、「根本原因を探りたい」と考えてしまうことがあります。

目の前の問題の応急処置はしながらも、「そもそもなんでこんなことになったの？」を考えてしまうのです。

小学生の指導において、今週の宿題をやらせる、次のテストを乗り切らせる、足りない能力を補う「塾技」を教えるといった応急処置も、もちろんします。

同時に、子供達が「なぜ、自分で学んで、学力を向上させられないのか？」という根本原因を探ります。これを解決すれば、効率的に学力を向上させられるからです。

そんなコンサルタントとしての職業病を持ったまま小学生の学科指導に携わってきて、学力向上のカギであると確信に至ったのが「読解力」でした。

「読解力」は、昔から国語の分野では議題に上がることが多かった言葉です。

「読解力」＝「国語の能力」とされてきました。

しかし、他の科目においても、

・問題文で与えられた条件を正確に読めない
・「問い」を正確に把握できない

ことが原因で間違えていることが多いのです。そこに正面から取り組んだ「読解力」の指導がされていません。

「読解力」があれば、自分で学んでいくことができます。

そこで私達は、ロジカルシンキングの中から、さらに「読解力」を深掘りした教材の開発を始めました。

「読解力」は学力差の最大要因

教科書を持ち込んでもよい。何を使って調べてもよい。

そのようなカンニングＯＫの条件で試験をしたら、どうなると思いますか？

「試験にならないだろう」と思われる方も多いかもしれませんが、教育界では、このような条件のほうが生徒の学力はしっかり反映されると言われています。試験管理がめんどうになるからやっていないだけです。

教科書という教材は、小さい文字で書かれたものも含め、必要な情報がほぼすべて書き込まれています。ですから、その情報を正確に読み取り、さらに「そこから言えること」を論理的に読解していく力があれば、これほどコンパクトで便利な情報源はありません。

教科書を持ち込んで試験をした場合、読解力がある子は頭の中にある知識に加え、足りない知識を教科書からすばやくインプットして上乗せできます。

よく、優秀な生徒の合格体験記には「教科書で学ぶことが大事」だと書かれていますが、これは「教科書という便利な情報源を最大限活用できる力」＝「文章をちゃんと読む力」があるからです。

一方、文章が読めない生徒は、教科書を持ち込んでも活用できないので点数は増えません。

ただの単語や用語を答えるような問題では得点できるかもしれませんが、それは誰でも得点できるので差がつきません。

「文章を読めない」となると、「教科書の説明」も「問題・テストの模範解答」も理解できません。先生が説明し直してあげないと理解できないとなると、先生不在の時間は、生徒は学習が進まなくなってしまいます。

自分一人でも学べる子と誰かがいないと学べない子では、学力に差が出ることは、もうおわかりですよね？

大人が横について噛み砕いてあげたり、図や絵にしてあげたりすることで理解につながることはあるでしょう。でも、常に横についてあげられるわけではありません。

自分一人で学んでいける力をつけてあげましょう。読解力は「学びの世界で自走するためのエンジン」の役割をしている、私はそう思っています。

実は、「大人に読解力がない」という問題――「ちゃんと読む」とは？

「教科書をちゃんと読もう」「問題をちゃんと読もう」「説明をちゃんと読もう」と子供に言ってしまうのは、読解力を正しく理解できていない証拠だと私は思っています。

大人の一番の問題は、日本語は「よく読めば」理解できるものだという前提で考えていることです。

日本語は「よく読めば」「ゆっくり読めば」「文字に意識を集中して読めば」理解できるものではありません。

「ちゃんと読む」とは、

・言葉の使われ方
・文章同士の関係性
を、確認しながら読むことです。
それによって、
・筆者が言っていること
・筆者が言っていないこと
・そこから言えそうなことと言えないこと
を読み取る（＝読解）ことです。

しかし、教える側も、「ちゃんと読む」「ちゃんと読めない」の差や構造を理解していません。

問題文を読み間違えている生徒に、次のような指導をすることが少なくありません。

「よく読め！」と気合いを入れる。

「いい？　よく聞いて！」と、理解できない解説や説明を力強く大声でくり返す。

親が模範解答を見せて、「○○でしょ？　それで□□でしょ？　だから△△でしょ？　わかった？」と、無理やり子供がわかったことにしていることもあります。

これは、「ちゃんと読む」ことに対しての重要性は認識しながらも、「ちゃんと読めない」ことは「気持ちの問題」で、なんとかなると考えているからです。

「ちゃんと読みなさい！」

家庭で勉強を見てあげているときに、最も声が荒くなるセリフは、これではないでしょうか？

そして、このセリフが飛び交うのは国語よりも、「算数」の勉強中だったりします。

親が算数を教えようとしても、子供はそもそも文章が読めていない……。

算数を学ぶ〝それ以前でつまずいている〟のです。そして、教えている側は、「やる気はあるのか？」と感じてイライラしてしまいます。

まずは、指導する大人が「ちゃんと読む」は学んで身につく「技術」だと理解しなければなりません。

「読解力」をつけると、全科目の点数が一気に上がる！

情報を迅速（じんそく）かつ正確に読解する力が必要なのは、なにも子供に限った話ではありません。これは問題解決力の根本でもありますから、大人になってから、社会人としての基本能力として重要な要素になります。

大人が仕事をする上で「指示を受ける」「資料を読む」という作業は取り組むべき課題を把握することです。つまり読解力は問題解決の最初の一歩でつまずかないための最も基本的なスキルだと言えます。

「覚えておく力」が必要ないとは言いませんが、これは問題解決力の一部を担っているにすぎません。覚えておく力以上に、自分に足りない知識に上乗せして、自分で学びをより深めていく、そんな力が必要なのです。

仕事は、テストのように情報収集できない状況で行なうわけではありません。大人になるとカンニングがＯＫになり、忘れた情報は拾ってくればいいので、覚えておく力の重要度は下がります。一方で、「読解力」は非常に厳しく求められます。

仕事の場面では、「ちゃんと読んだの？」というセリフは、大きな失望感をともなって発せられます。

事前に配られている資料に説明が書いてあるのに、その説明をくり返させるような質問をする。資料で指示された作業とは違うことをする。持ってくる物が書かれているのに、忘れ物をする。これらは、「やる気がない」とほぼ同じような評価を受けるミスです。

世の中では、**「日本語を読む力」は「全員に備わっているという前提」**で、コミュニケーションが行なわれ、情報が提供されています。

日本語の読み間違いは大減点ポイントなのです。

簡単に言えば、「説明書を読む力」は誰もが持っているものだ、とされているのです。

文章を読み取れないと、暮らしの中でさまざまな不具合が発生してしまいます。

発信者からすると、「必要なことは書きましたよ」と考えています。

・全部読んでいない
・普通はそのように捉（とら）えない

このような、読解力不足により発生するミスは、読み手の責任になってしまいます。

勉強で言えば、発信者である出題者は「問題を解くのに必要な情報を漏（も）れなく提供する」という責任を果たしています。

受信者は、**「全部読む」「一般的なルールに従って解釈する」ことが求められます。**

子供達は、出題者が想定しているレベルの「読解力」を身につける練習が必要です。

読解力が身についていないと、読み間違えるからです。

・指示を読み間違えて、ミスをする
・的外れな回答をして、ミスをする
・条件を読み飛ばして、ミスをする

など、「国語の点数」にとどまらず、「全科目」で問題が発生することになります。

しかし、逆に読解力さえつければ、あらゆる科目で学力が向上するとも言えるのです。読解力は、腰を据えて取り組むに値します。

文章にはルールがある。だから〝読み方〟を知ればいい

日本では、「読み方は一通り」と指導することへのアレルギーがあります。「小説のように、読み手次第でさまざまな解釈がある文章」と「基本的な読解力があれば、同じ意味に捉えられる文章」は〝違う〟のに、日本には、後者を国語の授業で扱うことや、「この文章の解釈の仕方は一通りである」と考えることへの嫌悪感を持っている人がかなり多くいるのです。

ですから、「論理的に（ルールに従って）文章を分析、解釈する授業」と聞くと、「人の気持ちがわからなくなる！」とか「説明書を読む力を国語で養うなんて何事だ！」

といった短絡的な反応をします。

私が本書で扱いたいのは、「人の気持ちを読み解く」とか「共感する」ための力ではありません。

「違う意味に捉えてしまうと、損害が発生する」文章を、要求されている通りに読む知識と技術です。

文章についてのルールを知り、ルール通りに読み、ルール通りに書き、「ミス」を避ける。子供達に、この力を身につけてもらいたいのです。

「問題文」や「解答・解説」は、筆者の思いや個性、読み手の感受性などに左右されるような書き方をされていません。

ルールに従って読み、読み間違いさえしなければ、誰でも理解できるのです。

ただ、その反面、「問題文」を読み間違えれば解けるわけがなく、模範解答を読めなければ知識は増えず、わからないままです。これでは学力が上がるわけがありません。

しかし、読む力がない子供達に、丁寧な読解力向上の指導は行なわれていません。

「ちゃんと読みなさい！」「もう一度読んでみなさい！」といった、暴力的とも言える雑な、指導とは言えないような指導がされているのが現状です。

読解力がつくように、技術を一つひとつ指導しようという意識がないのです。

高校の選択科目でやっと「論理国語」が採用されましたが、このときも脊髄反射的な拒否反応があったのは残念です。読解力の鍛錬を、気合いの範疇だと思っている人が多いのは、むしろ読解力を軽視していると言わざるを得ません。

読解力は、勉強のためだけに必要なわけではありません。

子供が大人になったときに、

毎週月曜日に会議があります。月曜日が祝日の場合は火曜日にやります。ただし、火曜日が5の倍数の日のときには、会議はズームで開催します。

という告知文を読んで、「15日の月曜日の会議はズームで開催される」と読み間違えると困るのです。

読解力がなければ、仕事の指示も取り違えるでしょうし、お客さんの指示や要望も読み違えるでしょう。トラブルを起こしたり、ミスばかりして、仕事を与えられなくなったり、重要度の低い仕事しか任せられなくなってしまいます。これでは、収入も上がらないでしょう。

まさに、**「読解力は生き抜く力」**。**「読解力」の指導は、「生きる力」の指導**なのです。

この本で扱う「読解力」とは、「一般的な読解力があれば、誰もが同じ意味に捉えられる」という意図で書かれた日本語を「理解する技術」のことです。さまざまな味わい方が許容される、小説を読む力とは違います。

本書を使って、「練習」と「答え合わせ」をしっかりしながら、読解力向上のトレーニングを進めましょう。

教育関係者の間で話題となった「麻布中の問題」とは？

私が代表を務めている学習塾ロジムでは国語・算数・理科・社会以外に「ロジカルシンキング」という科目を設置しています。

各科目を学ぶ上で土台となる、論理的思考力を身につけるための科目です。社会人向けに開発していた「ロジカルシンキング」の教材を、小学生でもわかりやすく学べるようにしました。

子供達は、「文章を図式化する」技術や「漏れなくダブりなく考える」技術を身につける練習問題に取り組んでいます。

論理的思考力を、国語や算数などに活かす科目横断型の授業です。

つまり、ロジカルシンキングの授業を担当している先生は、生徒の国語・算数・理科・社会、すべての科目について状況を把握できるのです。

その中で、我々が気づいたことがありました。

ある生徒は、各科目の暗記の出来具合には、得意不得意や相性によって違いがありました。しかし、ロジカルシンキングの基本である**「与えられた文を正しく読む」ということ視点で見ると、各科目で同じようなパフォーマンスになる**のです。

つまり、「算数の問題文の読み間違え方」と「国語の問題文の読み間違え方」と「理科の問題文の読み間違え方」と「社会の問題文の読み間違え方」には、**〝同じ傾向がある〟**ということです。

ここで、中学入試から例題をご紹介します。麻布中学校の社会の問題で、読解力が重要であるとわかる問題なので読んでみてください。(一部省略)

【問題】

次にあげる資料1は審査のときにきかれる質問内容の一部です。

日本政府がこのような質問をすることは、難民を保護するという点から見たときにどのような問題があると考えられますか。質問3～5から1つを選び、その質問の問題点を説明しなさい。

この問題では、「何を書くか？」という記述式の難しさに目がいきがちですが、それ以前に、

・難民を保護するという点から見たときに

・質問３～５から１つを選び

という、**答える上での「条件」を読めない（読まない）子供が多かった**のです。

問題文の中の「どのような問題があると考えられますか」という所しか見えていない子が少なくありませんでした。

「難民は困っているのだから、いろいろ質問するのはかわいそう」というようなことを書いたり、「難民についての問題点」を書いてしまっている答えが多いのです。

つまり、「考える」ための前提となる**「情報のインプット」の時点でつまずいています。**

このように、多くの子供が問題文を正確に読解できませんし、模範解答を正確に読むこともできません。

それなのに、問題文を正確に読めるという前提で学校や塾の授業は進み、解答が示され、解説されています。

これでは、子供は自分が問題文を読めていないことに気づけません。

そして、「あ〜、問題文をよく読んでいなかったな〜（笑）」と、軽く考えてしまいます。自分の読解力の欠如を軽視して解説を聞き、満足してしまうのです。

読解力のレベルを測る入試問題が急増している

しっかり読むことができるようになると、ミスが減り、自分一人で教科書から知識を吸収できるようになります。

この良いスパイラルができると、一気にすべての科目に良い影響を与えます。

読解力の持つこの大きな影響力に、中学入試の「出題者」である学校側が注目をし始めています。

知識の量を問う問題と比較して、「読解力」を問う問題が増えてきているのです。

「読解力」を持った生徒を獲得したいという狙いがあるのです。

簡単に言えば、問題文は長くなるが、その場で論理的に読むことさえできれば、難しい知識や手法は使わずとも解ける問題が増えています。

西大和学園中学校と豊島岡女子学園中学校の問題を例として載せますので、どんな問題が出題されているのか、さっと目を通してみてください。

膨大な量の文章なのですべて読む必要はありませんが、子供達はこの分量の問題を読んで答えなければならない、ということを頭に置いておいてください。

解く力だけではなく「読む力」まで求められる時代

まずは、西大和学園中学校の「算数」の問題です。

【問題】


西さんと大和さんは、グラウンドでの体育祭の練習のために、図のように、石灰の粉で白線を引き、トラック全体の線を描(えが)きます。

内側の太線部分を内周、外側の太線部分を外周と呼びます。細線部分は徒競走用にレーンを8レーンずつ、合計16レーン作るためのものです。1つのレーンの幅は1・25mです。

太線部分に白線を引くためのラインカーPと、細線部分に白線を引くためのラインカーQの2種類を用います。Pを用いると1mあたり7gの石灰、Qを用い

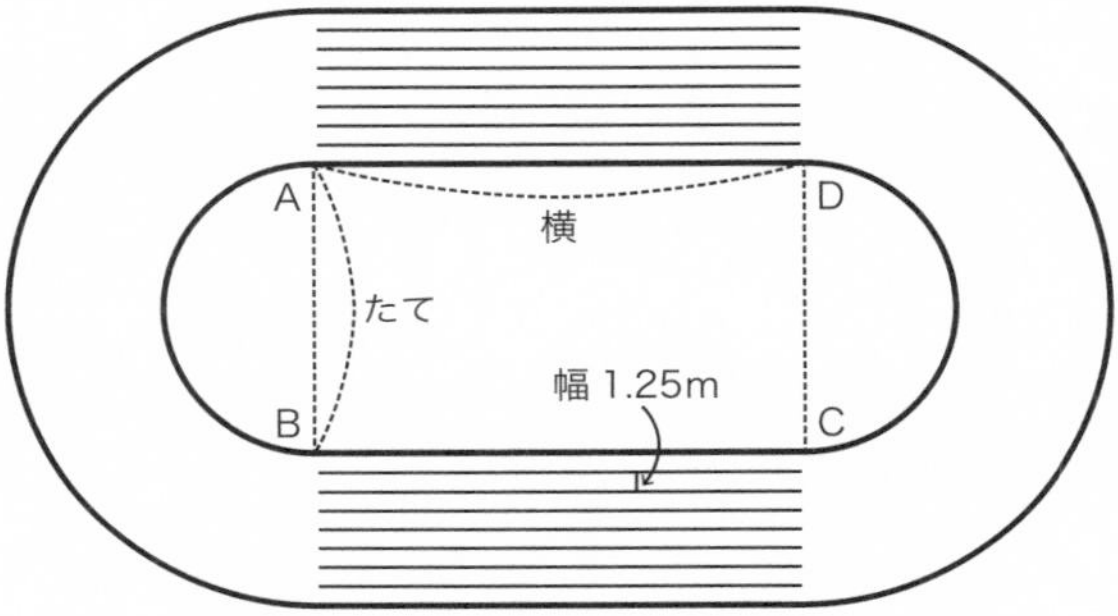

グラウンドのトラック

内周、外周は太線で、レーンを区切る線は細線で描きます。
四角形ＡＢＣＤは長方形であり、横線はすべてＡＤと平行です。
内周、外周のまっすぐではない部分は半円の弧です。
点線は描きません。

ると1ｍあたり5ｇの石灰が費やされます。このとき、次の問いに答えなさい。

ただし、白線そのものの幅は考えないものとし、この問題においては円周率を22／7としなさい。

（1）大和さんは、四角形ＡＢＣＤが正方形で、トラック内周が250ｍとなるように計算したところ、ＡＤの長さが整数になりませんでした。そこで、内周の長さは250ｍにはなりませんが、ＡＤの長さの小数第一位を四捨五入して、正方形の一辺の長さとしました。

①正方形の一辺の長さは何ｍですか。

②内周は何mになりますか。

③ABの長さはそのままに、ADの長さを変えて、内周がぴったり250mになるようにしました。このとき、ADの長さは何mですか。また、このトラック全体を描くために必要な石灰は何gですか。

次に、豊島岡女子学園中学校の「社会」の問題です。

【問題】

次の文章を読んで問いに答えなさい。

まもなく皆さんは小学校を卒業し、4月からは中学生になります。ところで、1年の始まりは1月からなのに、年度の始まりは4月からというのを不思議だと思っている人もいるのではないでしょうか。

（ア）1月から12月までの暦年とは別に、特定の目的のために規定された1年間の区切り方を「年度」といって学校年度や会計年度などがあり、日本では学校年度と会計年度が一致しています。

学校年度は（イ）法律で4月1日から翌年3月31日までとなっていますが、大学や専修学校については校長が定めることができるため、9月や10月に入学する制度を設けている大学もあります。江戸時代の寺子屋や明治初期の学校では入学時期は自由で、（ウ）各個人の能力に応じて進級する仕組みでしたが、おめでたいことなので気候の良い春先が選ばれることが多かったそうです。最終的には学制が公布されたことにより、日本では9月1日の一斉入学・一斉進級が多くみられるようになりました。

会計年度については、日本では律令国家の時代から、国の会計を1年間という単位で区切ることが行われていたとのことです。このころは旧暦1月から12月までという方式が導入され、これに基づいて（エ）税の納付や実際の予算配分等が行われていたようです。会計年度という概念については、明治時代になってから制度化され、何度も会計年度が変更された末に1886年から4月始まりになったところ、学校年度もこれにならって4月1日開始となって今日に至ります。

会計年度が4月始まりである理由としては、農家が収穫した米を売って現金化したことに対して、（オ）政府が税金を徴収して収支を把握し予算編成を行うためには、1月では時期が早すぎるので4月がちょうど良かったという説と、（カ）

当時、世界に大きな影響を与える大国であったイギリスの会計年度が4月から翌年の3月だったのでこれにならったという説があります。現在では、通常国会が1月に召集され、4月からの新年度までに提出された（キ）予算案について国会で審議・可決しなくてはなりません。新年度の学校教育のための予算もここで審議されますから、みなさんの学校生活にも大いに関係があります。公立学校だけでなく私立学校も、政府から助成金を受け取っています。普段は気が付かないようなことでも、国会における審議はわたしたちの生活に深くかかわっているので、（ク）国会議員を選ぶ選挙はとても大切です。

　諸外国では、学校年度と会計年度が一致しない国が多いようですが、日本の学校年度は会計年度に合わせて4月始まりとなった結果、入学式や初々しい新入生が春の風物詩となりました。新しい年度が始まると、「今年度も頑張ろう！」というあらたまった気持ちになる人も多いでしょう。冬が終わり、新しい命が活動を始める春とともに新年度が始まるのであるとすれば、日本の独特の年度の始まり方も良いものかもしれません。

ここまで読んでから、問いに答えていくのです。

これら2校の問題は、難しい知識や手法は使わずとも解ける問題の代表例です。

「受験勉強なんて暗記・詰め込みで意味がない」などと言われていたのは過去の話です。長文を読ませ、そこにある情報を正確に読み解けば、難しい知識を詰め込んでおかなくても対応できるという問題が急増しています。

「わかりやすい図で理解!」や「マンガで学ぶ○○」といううたい文句は多くの分野で増えてきていますが、現状では、やはり文章しか用意されていない教材や情報のほうが圧倒的に多いのです。

ですから、**「与えられた文字情報を正確に理解する」力は、「学ぶ力」の最も大切な柱**です。

学校側も「学ぶ上でこれくらいの読解力が必要だ」と考え、「これくらいの問題が読み解けるように準備してほしい」というメッセージを送っていると捉えることができます。読解力が暗黙の了解で求められ、読解力がないと損をしてしまう——。

このような社会で、子供達が不自由なく活躍できるための読解力を明確に理解していく必要があります。そして、読解力を身につけさせてあげましょう。

「私が読解力がないから…」とあきらめなくて大丈夫！ 親だからできることがある！

「私自身に読解力がないのに、どうやって子供に教えればいいの……」

こう思った方もいらっしゃると思いますが、心配いりません。

読解力の指導において、「あなたの読解は間違えているから、このように読みなさい」という従来型の「先生―生徒」の関係で指導することは効果的ではなく、ケンカになるだけです。

読解力に自信がない方は、自らの読み方を題材にして「どこが間違っているのかな？」とお子さんに相談してみてください。**親に対して子供が指導する形を取れば良いのです。**

子供達は責任感を持ったときに、非常に頭が回転するものです。実は、私も教室内ではよく「読み間違える先生」を演じています。

間違いに気づくということは、子供がちゃんと理解している証拠でもあります。ですから、子供に間違い探しをさせてあげましょう。

読解力のある親御さんは、あえて読み間違えてみる。読解力に自信のない親御さんはどんどん相談する、このスタンスで大丈夫です。そういう小さなところからでも、読解力は育っていくものです。

中学受験では、読解力を測る問題が急増しています。しかし、読解力による選抜は、そこにとどまりません。

高校の教科に論理国語が採用され、高校・大学入試や就職試験でも読解力がカギとなっています。

そして、なによりＡＩに仕事を奪われない人材として、新しい情報を正確に吸収して成長し続ける人材になるために必要なのが読解力です。

読解力とは、まさにこれからの時代を生きる力なのです。

第2章

「ちゃんと読む」って、どういうこと？【読解4つのコツ】

～「インプット力」を伸ばし、「読み間違い」をなくす～

子供の「ちゃんと読んだ」とは「全部見た」である

具体的な問題演習に入っていく前に共有しておきたい、大切なことをお話ししたいと思います。

それは、「ちゃんと読む」にまつわる〝大きな勘違い〟についてです。

「読解力を養う」ことを目指す上で、私達が「普通はそうだろう」と考えている前提が通用しない場面がいくつかあるのです。

この勘違いこそが、読解力を身につけることに失敗する原因です。

逆に、この勘違いについて理解するだけで、道半ばに到達したようなものなので、ぜひ、読み飛ばさないようにお願いします。

最初にご理解いただきたいのは、**子供は「自分はちゃんと読んでいる」と考えているる**ということです。

指導する側は、「書いてあるものを、書いてある通りに読みなさい」という意味で、「問題文をしっかり読むことが大切です」「ちゃんと読みなさい！」と言い、そのために、〝しっかりと〟〝ちゃんと〟〝まじめに〟など、「注意深くなること」を要求します。

しかし、この指導に効果はほとんどありません。なぜなら、指導する側の考える「ちゃんと」と、子供達の「ちゃんと」にズレがあるからです。

子供達は子供達なりに「ちゃんと」読んでいるのです。

たとえば、テキストに「海岸線から12海里（かいり）以内を領海、２００海里以内のうち、領海を除いた部分が排他的経済水域です」という文章があったとします。

ここで、親や先生が「説明文はちゃんと読んだ？」というときは、「排他的経済水域外、排他的経済水域、領海の境界を確認したか？」という意味であり、さらに、「覚えたか？」まで含んでいることが多いのです。

しかし、生徒にとっての「ちゃんと読んだ」は「全部見た」に過ぎないのです。

「読む目的」に合致した読み方が、「ちゃんとした読み方」です。

「目的」を理解できていなければ、「ちゃんと」かどうかの判断がつきません。そして、目的の理解は簡単ではありません。

この場合、親は**「出題されるならどんな問題になるか？」**を考えた上で、**「テストに対応できるように」**という目的から**「ちゃんと読む」**を定義しています。

しかし、子供はそこを理解していないので、**「とりあえず怒られない」**という目的のために**「全部目を通す」**が**「ちゃんと」の定義**となっているのです。

このようなズレは、大人と子供の間だけで起こるわけではありません。もし、保護者の方が先生に「ご家庭でちゃんと勉強を教えていますか？」と強めに言われたら、ドキッとしながら「ちゃんと教えてるつもりだけど、教えてないかも。そもそも〝ちゃんと〟ってどれくらいで、どういうこと？」と戸惑うのではないでしょうか。

もしくは、「ちゃんと教えています！」と腹を立てて答えるのではないでしょうか。先生からすると、その〝ちゃんと〟に疑問を持っているのですが、これと同じようなことが、大人と子供の関係でも起きているのだとご理解ください。

先生　：「ちゃんと教えていますか？」→**理解していなさそうな所を、振り返って確認しているか？**

保護者：「ちゃんと教えています」→**宿題をやるように声をかけて、質問されたら答えている。**

「ちゃんと」の定義がズレているにもかかわらず、擦り合わせることなく「ちゃんと読みなさい！」と要求しても、「ズレた」〝ちゃんと読む〟が実行され続けるだけです。

「まるごし読解力」で子供達は困っている

指導する側にとっての「ちゃんと読む」は、

「飛ばし読みせずに、ちゃんと全部読みなさい！」

もあれば、

「登場人物の心情を、ちゃんと読みなさい！」

もあるわけです。

毎回のように〝ちゃんと〟に含まれている意味が変わっていることでしょう。

子供達も、

「ちゃんと読んでるよ！」

だったり、

「はい！　次は気をつけます！」

と言って、その場をやり過ごすので、次の機会でも失敗をくり返します。

子供達が「読解の技」として教わるのは、「だから」「しかし」「つまり」などの機能語の役割くらいで、それ以外は、「しっかり読む」「じっくり読む」「大事な所に気をつけて読む」などの漠然（ばくぜん）とした指導しかされていないのではないでしょうか。

そのため、子供達の中には、**再現性のある読み方の技術やルールが存在しない（もしくは、定着していない）**のです。

さらに言うと、年齢を重ねていくと、**「書いてあることだけではなく、書いていないことを理解する力も必要になってくる」**ので子供達は大変です。

算数の文章題などでは、わかりやすく書き表されていないけれど、読み取ることが期待されていることがあります。

たとえば、「クラスのみんなにりんごを配っていったら、10個余った」という文章からは、「クラスの人数は10人より多い」（10人以下なら、もう1個ずつ配ることができるから）を読み取る必要があります。

つまり、**子供達は「言い換えて読み取る力」も身につけなければなりません。**

このように**「ちゃんと読む」ということは、目的や段階によって変わってきます。**

子供達には、求められている「ちゃんと読む」を具体的に理解させてあげる必要があるのです。

「ちゃんと読む」ための４段階とは？

「ちゃんと読む」ということがよくわかっていなければ、読解力対策のために読書量を増やしてもあまり効果がないことはご理解いただけると思います。

読解力がない人は読解力がないことに気がついていないので、「ちゃんと読む」を好き勝手に解釈します。そのため、いつまでたっても読解力は伸びません。

「読解力を養成する」ということは、身体に染みついたクセや直感、生理的な反射との戦いです。

よって、「読み間違いというものが存在する」という自覚がスタートラインになり、その上で「このような点を確認すれば最低限のミスは防げる」という新たなチェックポイントを知り、確認する手順を踏むことが必要です。

そのために、「ちゃんと読む」を分解し、理解しなくてはいけません。

本書では、「ちゃんと読む」ためのポイントをシンプルに「４段階」に整理してお伝えしていきます。

ロジムが「論理的読解力」と名づけて、国語、算数、理科、社会の授業とは別に実施している授業で使っている教材を基にお話ししていきます。

●第1段階　「単語読みからの脱却」——必要なことを全部読む

そんなの当たり前で、問題に取り組む姿勢の話だと思われがちですが、これは練習しないと身につかない技術が必要です。

一言一句を確認しながら読む必要があるわけではありません。そのように考えてしまうと、逆に「絶対に読み落としてはいけないこと」を見落とすこともあります。「文の意味を決定づける大切な要素」を理解することで、文章読解のチェックポイントを把握できるようになります。

●第2段階　「文の関係性を把握する」——理由や条件などの「文の役割」を理解する

「なぜなら」の後ろの文章は理由を表していて、「だから」の後ろの文章は結果を表している。このように、それぞれの文には、位置や接続詞によって「役割」が与えられています。

文章は、理由や条件などの要素がからみ合いながら論理的に成り立っています。論理構造を理解することで「指示やルール」を正確に読み取ることができるようになります。

●第3段階　「『言い換え』で読み取る」
――そこから「言えること」「言えそうなこと」「言えないこと」を区別する

たとえば、「私は１００歳より年上だ」という文章は、「私は１００歳以下ではない」と言い換えることができます。

言い換えることで、他の情報と比べたり、情報を組み合わせたりしやすくなります。

また、「言い換え」のルールを理解するメリットは、「確実に言えること」と「言えそうなこと」の違いを把握できるようになることです。

データや説明文が表現している内容を拡大・縮小解釈したり、歪曲(わいきょく)して解釈することがなくなります。

●第4段階「隠れた前提を読み取る」――「書いていない」ことを推測する

「今日はとても暑い」だから「長袖(ながそで)を着る」

この文のつながりに疑問を持ったときが大切です。「あり得ないよ！」と判断して切り捨ててしまうのではなく、「書かれていない条件や、前提があるのではないか？」

文を読み取る	文の役割を読み取る	言い換えて読み取る	書いていないことを読み取る
主語	理由	言えること	隠れた前提
述語	条件	言えないこと	常識
修飾語	動き	言えそうなこと	

と立ち止まることが大切です。何かが隠れているはずだからです。

「とても暑い」と「長袖を着る」をつなげるために必要な情報は何か？　を論理的に読み取る力が必要です。

「ドバイなどの灼熱の国では、太陽光で火傷するので長袖を着る必要がある」。こういった、「隠れた前提」を読み取ることで、表現者の状況や意図をより深く理解できます。

この４つの分野を理解することで、「今、どの段階で、つまずいているのか？」を具体的に把握できるようになり、「ちゃんと読みなさい！」という抽象的で非効率な指導から脱却できます。「ちゃんと読む」ということの具体像が見えてきて、「何に気をつけるべきか？」を知ることができるでしょう。

これらの４つの視点からチェックする習慣を身につければ、**「自力で読み間違いに気づく力」**を備えられるのです。

問題を〝インプット〟できないと、当然解けない

子供に「読解力」を身につけさせるときには、教材設計に注意が必要です。子供の「思考の負荷や気持ち」に配慮（はいりょ）してあげないと、効果が半減してしまうからです。

いつも通りの教材を用意して、「読み間違いに気をつけて、しっかり丁寧に読んで解くようにしよう」という声がけだけではうまくいきません。

「気合いを入れる」だけでは解決しない難しさについて、ご説明します。

「正しく読み取った上で、解く」ということには、２つの作業が含まれています。

たとえば、算数で言えば、**「まず、与えられた情報を読む」というインプット**と、**「指示されたものを計算して算出する」というアウトプット**の２つです。

２段階で設計されていると言えます。

インプットした情報を覚えておきながら、それらを「言い換え」たり、「組み合わせ」たり、「式に変換して計算」したり、という作業をすることになります。

このように2段階の作業は、思考にとって負荷が高く、この**負荷の高さこそ「よく読まずに解いてしまう」の原因**なのです。

つまり、**「解け」という最後の指示のことで頭がいっぱいになってしまいます。**

算数でしたら「計算をしたり、図を描いたりする作業」に気を取られてしまい、国語でしたら「選択肢を選ぶ作業」に気を取られてしまい、元の**問題文や指示・条件が頭から消え去ってしまう**のです。

いったんインプットできていれば良いほうで、多くの生徒は解く作業と同時に読む作業を進めていて、読み飛ばしや意味の取り違えが頻発（ひんぱつ）しています。

そして、子供がインプットに問題があって間違えたとしても、インプットされていないことに先生は気づかないため、先生の説明は「インプットができているのは当然。だから、こうやって解くのです」という形式になっています。

「問題文を読み間違えた人は、次からしっかり気をつけようね～」というように流されるので、次回もまた、「アウトプット」に夢中になってしまうのです。

普段の会話でも、説明を聞いている最中に知っている単語が出てくると、「全体の内容を読み取る・聞き取ること」よりも、「知っている話題だ！」ということに興奮し、「自分の知っていることを伝えなくちゃ！　アピールしなくちゃ！」とインプットか

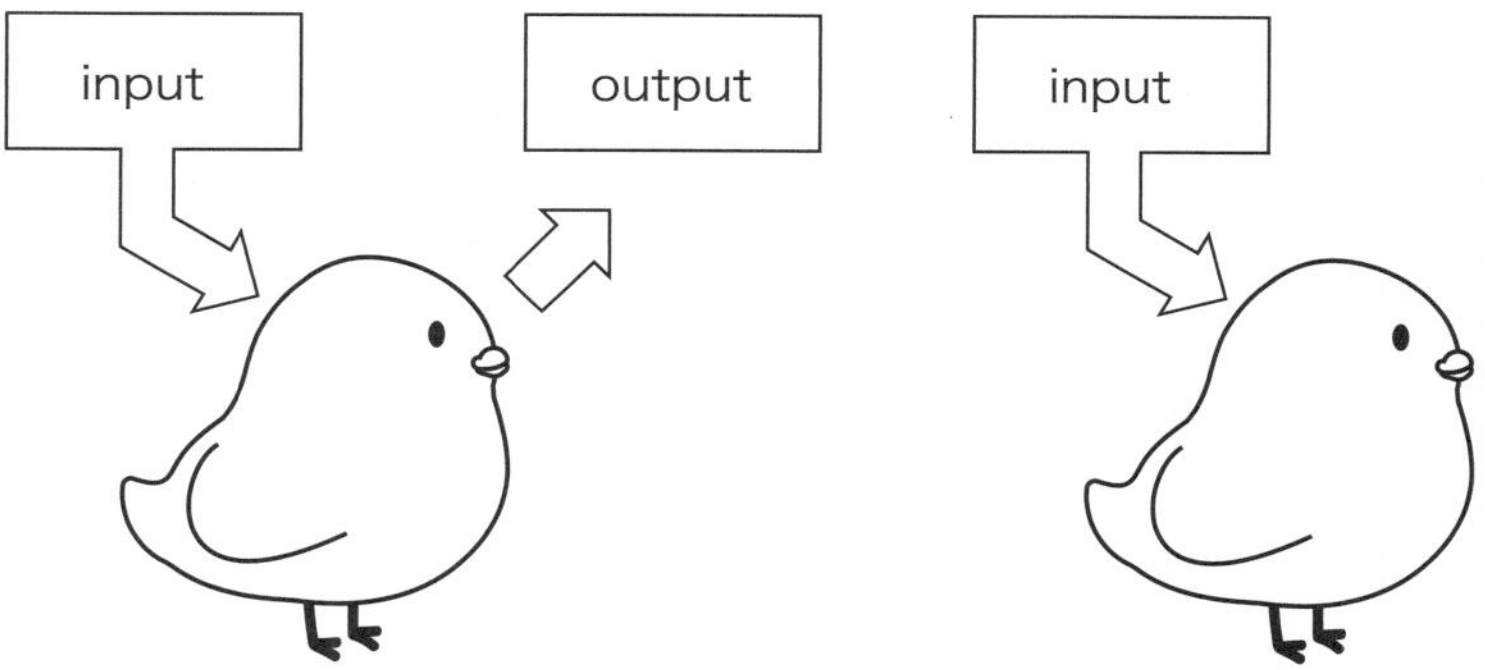

アウトプットに気をとられる　　正確なインプットの練習が必要

ら気がそれてしまうことがあります。**無意識に「インプット」を軽視してしまっている**のです。

ですから、正しくインプットする力（与えられた情報を読む力）である「読解力」を身につけるためには、「読解」に特化した問題を用意してあげることが必要です。**問題はインプットとアウトプットの２段階からできていて、最初の段階に問題があるのですから、最初の段階に特化した訓練をしてあげる必要があるのです。**

そうしなければ、いつまでたっても「答えを出すこと」だけに気を取られて、インプットできていないという「本当の原因」が放置されたままになってしまいます。

スポーツも、試合をしているだけでは必要な力は身につきません。

インプットという必要な基礎力が明確になっているのですから、スポーツの分解練習や筋力トレーニングのような、インプットに特化したトレーニングをしてあげることが効果的です。

「読解力向上に特化した問題」を解かせるしかない！

「ちゃんと読んだ上で計算して答えを出す」という場合、「計算しなくちゃ！」と気を取られてしまうのが子供です。

そのため、「ちゃんと読んだ上で解く」ではなく、「ちゃんと読む」ことを主題にしたワークの設計が必要です。

・読み取ることだけに集中させる

・「読み違い」の事例に数多く触れて、「読み違い」の重大性に気づかせる

を意図した練習こそ効果的です。

ここで、「単語」だけでなく、「何がどうした」「何がどうだ」まで読解する練習問題をご紹介します。

ここでは、問題をわざわざ解かなくてもいいですし、答えも重要ではありません。こういうトレーニングが、読解力を伸ばすということを知って、ご自宅で指導してください。

【問題】

カラスは黒いです。スズメが空を飛んでいるのを、３羽のカラスが見ています。４羽のスズメのうち２羽がカラスに気づいて逃げていきました。１羽のカラスがそれを追いかけていきました。

Q１　アとイの間違いをそれぞれ探しましょう。

ア：３羽のカラスが４羽のスズメを追いかけていきました。

イ：４羽のカラスが空を飛んでいました。

Q２（　　　）を埋めてください。

１羽の（　　　）が（　　　）を（　　　）。

２羽の（　　　）が（　　　）を（　　　）。

3羽の（　　　）が（　　　）を（　　　）。
4羽の（　　　）が（　　　）を（　　　）。

Q1は、すべての選択肢の間違いを探すというのがポイントです。読解力が乏しい状態で「誤っているものを見つける問題（ア、イのどちらが間違っていますか？　という問題）」をさせても読解力は向上しません。「なんとなく合っている気がする」という判断から、あいまいに答えを導くということから抜け出せなくなります。

Q2は、単なる書き写しのように思われるかもしれませんが、与えられた問題文が複雑なので、丁寧に確認する力がつきます。

選択型より「間違いを説明する」問題に意味がある

次は「どんな○○」にも注目させる設問です。算数の読み間違いで最も多いパターンを改善するものです。

【問題】

カラスが４羽遊んでいます。そこに３羽のカラスが飛んできて一緒に遊び始めました。すると、はじめのカラスのうち３羽が飛んで行ってしまいました。少し経つとそのうち２羽が戻ってきました。

Ｑ　間違いを直しましょう。

ア：今、カラスは４＋３＋３＋２＝12羽いる。
イ：今、カラスは４＋３＋２＝９羽いる。
ウ：カラスは４＋３＋２＝９羽登場した。

教室では、ア、イ、ウの間違いを生徒に説明してもらいます。すると、間違っている点について「この３は飛んでいったカラスなので足してはダメ！」というような発言をして、補足してくれます。

こういうトレーニングをすると、少なくとも「この３は飛んでいったカラスの数だから……」というレベルの思考には到達できるようになります。

国語の問題も紹介しておきます。

【問題】

日本の高齢者の中には、東南アジアの国々がまだかなりの発展途上国だと考えている人が少なくない。しかし、東京と同じように高層ビルも、ブランド品を持って歩く人も全くめずらしくないのだ。

Q　すべての選択肢の誤りについて説明してください。

ア：日本の高齢者はブランド品を持っている。

イ：東南アジアは発展途上国だと考えている人が少なくない。

ウ：日本の高齢者にとって東南アジアのブランド品は珍しくない。

「正しいものを選びなさい」という問題では、雑な読み方で答えを選んでしまいます。

しかし、読解自体を目的として、「すべての選択肢の誤りについて説明してくださ い」という問題にすると、

「ブランド品を持っているのは誰と書いてあったっけ？」
「東南アジアにいる人はどんな人だったっけ？」
と、**本文をより緻密（ちみつ）に検索する姿勢が身についていきます。**

実際の試験では「正しいものを選びなさい」という形式が多いので、「本番とは違う形式で練習して意味があるのだろうか？」と思われる方もいるかもしれません。

しかし、「よく読まない子供達の学び方」を見てみると、間違いを検討するときも雑に考えているのです。

生徒「間違えた！」
先生「よく読んでごらん」
生徒「さっきの答えは違ったから、じゃあこれかな？

あ、また違った。じゃあこれかな？」

といった具合に、**「根拠となる情報を、問題文や解説から読み取る」という作業自体を省いているの**です。

アで間違ったから、イが正解だ！　こんな勉強をしていて、読解力も学力も上がるはずがありません。

「解くために必要な情報を読み取る必要があり、その情報を組み合わせて妥当な理由を検討する」ことの必要性を理解できていないと言えるでしょう。

「こういう読み方をしてはダメだ!」にたくさん触れることがカギ

小学校2年生に次の問題を出してみます。

【問題】どっちが大きいかな?

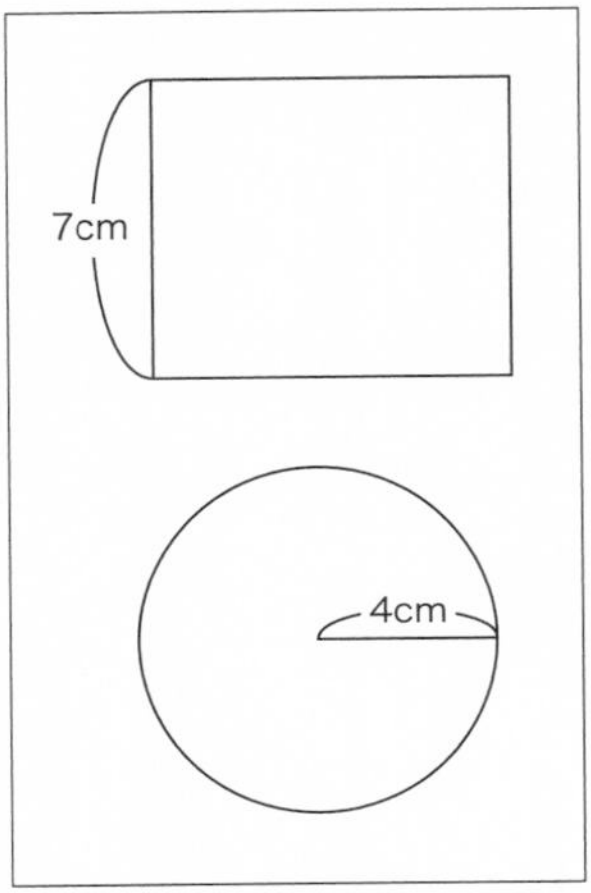

2年生は一生懸命見比べながら、視覚の印象で考えます。しかし、これを6年生に出題すると、瞬時に「長方形の横の長さが書いてない！」と反応します。

2年生は、そもそも「長方形の横の長さ」の情報の必要性を感じられていないので、読もう（探そう）としていないのです。

6年生は、「長方形の横の長さ」の情報の必要性を理解しているので、「読もう」「探そう」という意識になります。

このように、「読む必要性」を認識しないと、読む技術を使う前につまずきます。

普段、文章を読むときに、「自分の読み方はおかしいのではないか？」という視点で読むことはあまりありません。

おおげさに言えば、「読めたつもり」で過ごしても生きていけているので、「読み間違い」を分析して、学ぶ機会がありません。

読解力を身につけるには「こうすれば大丈夫」という読み方指導以上に、**「こういう読み方をしてはダメだ」という事例に数多く触れて、「正しい読解」と「誤った読解」の境目を知ることが大事**なのです。

つまり、自分の中にチェックリストを持ち、アンテナを立てて読むことが必要です。

たとえば、テストに次のような選択肢があったとします。

衆議院が解散されている間に、内閣総理大臣は、緊急の必要があるときには参議院の緊急集会を求めることができる。

この選択肢が正しいかどうかを考えるときに、「求めることができる」しか読まず、「できるのか？　できないのか？」について考え始めてしまう受験生は少なくありません。

この問題は「主語」である「内閣総理大臣」が正誤のポイントなのですが、そもそもこの文章の主語がなんだったかすら、頭に入っていない読み方をしているのです。

ちなみに、正しくは、内閣総理大臣ではなく、内閣です。

第1章で少し述べましたが、「正しい読解」という言葉自体に拒否反応を示す方が少なくないので、「読解」の指導は行なわれてこなかったのでしょう。

「自由に読む」のは自己完結する小説を読むときだけ許されるものであり、「問題を解く」「指示や説明を理解する」という場面では許されません。

ロジムでは、どのような「読み間違い」があり、「その原因は何か？」を題材にして授業をすることで、**「正確に情報の意味を把握する」**ためのチェックリストを持ってもらう、いわば「アンテナ」が立つように指導しているのです。

こういった理由から、「答えを出す」「解く」ではなく、「読み間違いを指摘する」ことを主題とした問題設計が非常に重要になってくるのです。

私達は、オリジナルの問題を用意していますが、ご家庭でもすでにある問題集の文章を使ったり、設問だけ変えてみたりすることで、より効果的な学習が実現されます。ロジムの問題もご紹介していきますが、一般的な問題集の文章をロジムの読解力問題のように変化させるコツをみなさんに身につけてもらうのも本書の狙いです。

子供だって腹が立つから、たかしくんを登場させよう！

「日本語の誤りに接すると非常に腹が立つ」という事実にも配慮することが必要です。これは、ご家庭で「読解力」を身につけるための指導をしようとするときに、最も重要な点だと思います。

私達は「あなたの日本語はおかしいですよ」と指摘されたときに腹が立ちますし、「なんでそんな読み方するんだよ！」と指摘するときも同じように腹が立ちます。

怒りが湧きやすいシステムや文化的背景はさておき、私の経験上、「日本語の誤りに接すると非常に腹が立つ」法則は、どこの家庭にも当てはまります。

「ちゃんと読んで！」「読んでるよ！」は、親子はもちろん先生と生徒の間でも険悪なムードを瞬時につくり出すNGワードです。

ですから、問題を解かせて、「ほら！　読めてないよ！」と指摘していくスタイルですと修羅場になってしまいます。

「読解力」とは具体的にどういうものかを説明できないと、このような抽象的な精神論の指導になり、感情的になってしまうのです。

社会人でも「ちゃんと書いてあること」を読まない、もしくは読み間違えている相手には非常に攻撃的になりがちです。

「ちゃんと読めよ！」「ちゃんと読みました？」「あなたは日本語を理解できていない」と指摘してしまいますが、相手も腹が立っているはずです。

それは、小学生でも同じです。

ご家庭で「論理的な会話をしよう」と意気込んでしまうと、子供が話し始めると「今の日本語はおかしい」とか「その理解はおかしい」と話を遮る（さえぎ）ことになってしまい、ケンカになったり、会話がなくなったりします。

ですから、「この文章を正しく読もう」という指導ではなく、**「教科書の中でこんな**

日本語の誤りの指摘は不愉快

教材から学ぶ設計が有効

読み間違いをしている人がいるから指摘してみよう」という指導が大事です。

ロジムの読解力教材では、**「たかしくん」という、いつも読み間違える第三者を登場させて、その誤りを探っていく「人のフリ見て我がフリ直せ」スタイル**にしています。

ちょっとしたことのように思われるかもしれませんが、気持ち良く、前向きに学ぶには重要な要素です。

上級者でもピンチな状態では「読解力」が下がる

読解力は「環境・状況の厳しさによって上下」します。わかりやすく言えば、**「人はピンチになると読解力が低下する」**ということです。

低学年のときはしっかり読んでいたのに、高学年になって問題文が長くなったら、低学年レベルのミスをするようになったという例は数多く見られます。

これは単に文章が複雑になって難しくなる、ということだけが理由ではありません。全く知らない分野についての文章だったり、時間の制約があったりすると、「思考への負荷」が高くなり、普段ならしない雑な読解をしてしまうことがあるのです。

地震のときに役立つ、「お・か・し」（押さない・駆けない・しゃべらない）という標語がありますよね。パニックになる地震のときでも「これだけは忘れたくない」という行動規範を、できる限りコンパクトに覚えておくための工夫です。

学年が上がったり、問題が難しくなったりして、「今までこんなミスはしなかったのに」となったときにも、本書の内容を振り返っていただければ安心です。

パニックになったときの基本ステップとして、本書の読解の方法を子供達が思い出せるように覚えておきやすくまとめています。

本書では、「てんとう虫ボックス」「2階建てボックス」、文章の図式化の技術など、ミスを避けるための読解の方法を紹介していきます。インパクトがあり、あせったときでも思い出しやすい技術なので、ぜひお子様に教えてあげてください。

第 3 章

頭がいい子は「ボックス読み」していた！

～【読解力の分解トレーニング①】「単語読み」からの脱却～

「ジャイアンツ」に飛びつく子供達の習性

この章から、具体的な練習に進んでいきましょう。

お兄さんの年齢を聞かれているのに、弟の年齢を答えてしまう。

すぐ後ろに「なぜなら」と書いてあるのに、理由を答えられない。

親からすると「読解力以前の問題！　注意力、集中力がない！」と、怒りが湧いてきたり、絶望的な気分になったりするのが**「単語読み」**です。

単語読みとは、**「目についた単語の、前後の情報を読み飛ばしている」状態**です。


「ジャイアンツのM選手が2億円の3年契約をしたけど、複数年契約をするとだいたいパフォーマンスが落ちるみたいだよね」

という話をすると、

「M選手に会ったことある！」「ジャイアンツ好き！」


というような、「素早い」反応をする小学生は少なくありません。

「素早い」という点がポイントです。話の中の「M選手」「ジャイアンツ」という単語だけを読み、「素早く」反応するのです。

周りはポカンとしていますし、「今、そういう話をしてないだろ」と感じてしまいます。これは、子供特有の話ではなく、大人でも同じような反応をすることが少なくありません。「相手の話を理解すること」が大事だと思っていないのです。

それよりも、知っている単語が出てきたら、それについて「自分も話をしたい」。思いついた論理に無理やり単語を当てはめて、「ああ、こういう話でしょ」というように「知っていることと結びつけたい」。

意識的にも無意識的にも、そういう欲求・衝動（しょうどう）で動いてしまうのです。

「何についての話なのか？」

を読み取るとは、登場人物のことだけを把握すればいいのではありません。

「登場人物が何をしたのか？」「どうなのか？」

を理解し、さらに、

「それがどのような意味を持つのか？」

を探る作業を意味するのです。

そこを理解していないと、「Ｍ選手の話」「ジャイアンツの話」「２億円の話」という「単語」だけを拾い読みすることになります。そして、本人はそれを問題だと感じないという状況に陥(おちい)ります。

いわゆる「単語読み」から脱却するには、**単語だけでは「文章が表現していることを理解できない」と学ぶ必要があります。**

文章をしっかり読解するには、単語だけに注目しすぎず、修飾語などの説明や背景を読み取る必要があること。さらに、「述語」と「条件／理由」へ注意を払って探そうとすることが、読解の最初の一歩で、最も重要な力です。

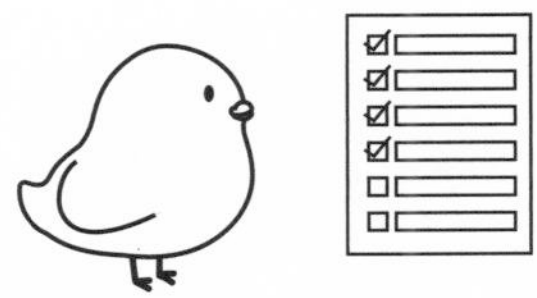

読み落とし厳禁！
のリストを身につける

つまり、「文章の意味を決定づける要素」を理解して、探そうとする視点を身につけることが大事です。

「単語読みから脱却する」ための2つのポイント

「単語読み」をしている本人は困っていません。文章を読んでいる最中には「全部正しく読めている」と思っていますし、自分で勝手につくり上げてしまった内容でも正しいと思っています。

この「単語読み」のクセは、大人になってもあまり変わらないようです。

「そこに書いてありますよね？」

「すみません。よく読んでいませんでした」

社会人でも「事前に渡された資料を、全部読んで理解しておく」ということの重要性を理解していない人がいます。

「だいたい理解できていればいいや」「ストレスのない範囲で流し読みしておけば、あとはなんとかなるでしょう」

口には出さなくても、そのような姿勢で文章を読む人は多いのです。

これは究極的には、**「目の前の文章を読むことにエネルギーを注ぐ手間」と「未来のトラブル」との比較で、前者を省くことを選択している**と言えます。

子供も同様で、雑な飛ばし読みをするのは、これが原因だと言えます。

雑な読み方でも、「問題が解ける」と勘違いしているのです。

さらに悲しいことに、「間違えてもいいや（読んで解くことに興味なし）」「間違えたけどなんだっけ？（振り返る力がない）」「間違えたけどそれが重大ですか？（他人への迷惑を気にしない）」という意識で生きている人が少なくありません。

いずれにしても言えることは、「〝読む〟というインプットの重要性が、理解できていない」のです。

これは、どのように読めばいいかもわからないし、どのような問題が発生しているかも想像がついていない、ということです。

よって、「単語読み」からの脱却には2つの練習が必要です。

●1　多くの「読み落とし」に触れることで、「読み落とし」というものを体感する

「単語読み」によって重要な要素を読み落としてしまうと、「どのように文章の意味が変化してしまうのか」、「文章理解の勘違いが起こるのか」を理解します。

●2　具体的なチェック項目を一つずつ増やしていく

「2階建てボックス」「てんとう虫ボックス」というフレームワークを使って、「優先的に読み取るべき項目」を理解していきます。

まずは、「読み落とし」を体感し、文章を理解するワークに取り組んでみましょう。

子供は「読む」より「選ぶ」「計算する」を優先してしまう

「全部読むこと」は、正しく問題を解くための手段なのですが、手段であるからこそ軽視しがちです。

「答えを出す」「選ぶ」「計算する」「発言する」といった、全部読んだ後（次）の作業、子供にとってはこれがメインの作業ですが、「それさえきちんとやればいいや」「やらなくちゃ」という意識になってしまいがちです。

ですから、ここでご紹介するワークでは、「読む」ことに焦点を当てます。

そうすると、**「読まない」と「間違える」が直結し、子供の読解は驚くほど精密になっていきます。**

「りんごは4個、みかんはりんごより3個多く、なしはみかんより2個多い。みかんは何個ですか？」

という、どのテキストにも載っていそうな問題文を使って、「単語読み」の怖さに気づくためのワークをつくることができます。参考にしてみてください。

【ワーク】 次の答えが間違っている理由を説明してください。
Aさん：なしは9個です。
Bさん：みかんは4－3＝1個です。

このワークを「正しいほうを選びなさい」としてしまうと、子供はよく読まずに「Aさん！」と答えてしまうでしょう。

読解演習では、「自分が正しく読む」のではなく、**「読めていない人を分析する」という作業を通じて、読解力を身につけていきます。**

このような設定をすることで、子供は目を皿のようにして文章をチェックする姿勢を得られるのです。

本書の全体を通して言えることですが、重要なことは、ご紹介していく問題の答えを導き出すことではありません。

答えを目指す過程で、子供の読解力が伸びるということです。ぜひ、お子さんの読解力を伸ばせるようなロジム流トレーニング法の仕組みをご理解ください。

【ワーク】次の選択肢の間違っている所を直してください。
A：りんごは４個、みかんはりんごより３個多く、みかんはなしより２個多い。
B：りんごは４個、りんごはみかんより３個多く、なしはみかんより２個多い。

これは、さまざまなパターンが考えられます。ロジムは子供達の読み間違いの事例を蓄積して、「やりがちな読み間違い」を擬似的に体験できるように問題を作成してきました。

ご自宅で指導される際は、子供がやってしまったミスを書き留めておいてください。それを基に例題をつくってあげると効果的です。本書でも、ロジムで蓄積してきた読み間違いの事例から、さまざまな問題をできる限り紹介していきます。

「主語を確認」するようになる練習

それでは次は、「主語を確認する力」を伸ばすワークです。

【ワーク】次の文章の【　　　】に人の名前を入れてみましょう。

たかしくんは【　　　　　　】にチョコを3個あげた。すると【　　　　　　】のチョコは【　　　　　　】のチョコよりも3個多くなった。

これは、ロジムの授業の、クラス討論用の問題です。答えは何通りか考えられます。クラスで発表し合うことで、**「誰が？」を確認しないといけないことを実感できます。**

●答えパターン①

たかしくんは【Aくん】にチョコを3個あげた。すると【Aくん】のチョコは【たかしくん】のチョコよりも3個多くなった。

これが一番多い答えです。「もらった」→「増えた」→「多い」、と連想していますね。【Aくん】の部分は、好きな名前にして構いません。

●答えパターン②

たかしくんは【Aくん】にチョコを3個あげた。すると【たかしくん】のチョコは【Aくん】のチョコよりも3個多くなった。

パターン1のような思い込みをしてしまう生徒は多く、そういう子はパターン2の答えが思い浮かびません。そのため、思い込みを手放すために、授業では「**2つ以上のパターンをつくってみましょう**」と指導しています。

●答えパターン③

たかしくんは【Aくん】にチョコを3個あげた。すると【たかしくん】のチョコは【Bくん】のチョコよりも3個多くなった。

これは、登場人物が3人以上いるときのパターンですね。もちろん【Bくん】は好きな名前で構いません。

●答えパターン④

たかしくんは【Aくん】にチョコを3個あげた。すると【Aくん】のチョコは【Bくん】のチョコよりも3個多くなった。

という答えもあり得ます。パターン③と同様の考え方ですね。

初めてこの問題に取り組むときは、「答えは1つ」という先入観を持って考えてしまいます。したがって、子供達は、パターン①を見つけて喜びます。

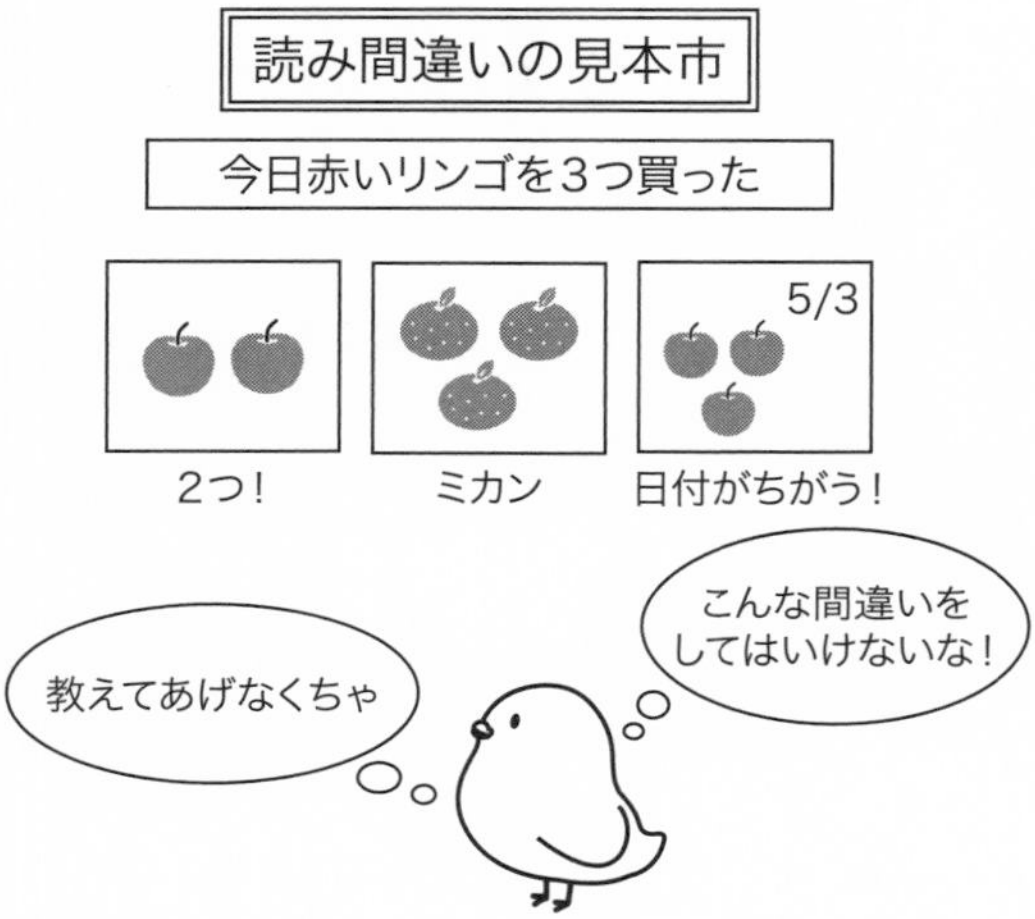

読み間違いの見本市
今日赤いリンゴを3つ買った
5/3
2つ！
ミカン
日付がちがう！
こんな間違いをしてはいけないな！
教えてあげなくちゃ

パターン②やパターン③を提示されると、最初は、頭の中が「？　？　？」という表情をします。しかし、演習をくり返していくと、

「名前を入れ替えても、状況は成り立つことがある」

ことを知り、そこから、

「名前を確認しないと、問題文が全く違う意味になってしまう」

という**「危険性を認識」することができるようになります。**

つまり、「主語をチェックしよう」というアンテナが立つのです。

このワークをくり返していくと、教室でわざとらしく「実はいろんなパターンがあるんだよな～」とアピールしながら解く生徒が増えてきて、微笑ましく感じます。

わざと読み間違えて、子供を楽しませよう

授業中には、私自身がわざと問題文を読み間違えて解説を始めることもあります。

生徒のみんなは「この先生はしっかり見張っていないとすぐに読み間違える」と認識してくれているので、問題文をしっかり読みつつ、解説との整合性が取れているかを厳しくチェックするようになってくれています。

〝先生が〟〝親が〟間違えているのを発見するのは、子供達にとって非常に楽しめるシチュエーションです。時には、子供の前であえて読み間違えてみてください。

問題を読み間違う機会がある環境、先生も読み間違えるので気を抜けない環境で、子供達はどんどん「読み間違い」のバリエーションを吸収し、自然と自分の読解力の土台を築いていくのです。

「2階建てボックス」で単語読みから脱却！

「値段」だけではなく「りんごの値段」、「4％」ではなく「売値の4％」、「時刻」ではなく「A君が学校に到着した時刻」。

このように、単語読みからの脱却の大きなステップは**「単語を修飾している情報」へ意識を持つこと**です。

？	？	？
値段	4%	時刻

そのためには、**「言葉は2階建て」でできているという考え方を持つこと**です。ロジムでは、この考え方を**「2階建てボックス」**と呼んでいます（上の図）。単語を1階、修飾している情報を2階というようにハッキリさせると下の図のようになります。

りんごの	売値の	A君が学校に到着した
値段	4%	時刻

2階建てボックスの図を描いて、「単語は必ず2階建てでできているので、2階に入る情報を必

ず確認しよう」という意識付けをしています。

「よく読んで！」ではなく、**「値段の2階は？」「4％の2階は？」**という確認を促し(うなが)ていくと、この図の印象の強さから「何を確認すればいいのか？」を意識しやすくなっていきます。

空欄が目に入るメリット

それでは、2階建てボックスを使う、単語読みを防止するためのワークをご紹介したいと思います。

【ワーク】

2組のジェニーちゃんは、学校で借りた本を家に置いてきてしまいました。

その本は、お父さんも好きだと言っていた本で、とても面白かったのでベッドの中でも読んでしまい、ベッドの上に置いてきてしまったのです。

3組のハルちゃんが次に借りようと思っていたので、とても残念そうでした。

ア：ジェニーちゃんは、お父さんから借りた本を忘れてきた。
イ：同じクラスのハルちゃんも、その本を借りたいと思っていた。
ウ：ジェニーちゃんは、ハルちゃんに借りた本を家に置いてきた。

Q　ア、イ、ウは全部間違えています。どこが間違っていますか？　教えてください。

【正解】
ア：お父さんから借りた本ではなく、学校で借りた本。
イ：同じクラスではなく3組のハルちゃん。
ウ：ハルちゃんではなく、学校で借りた本。

3、4年生がやってしまう雑な読み方をすると、一度読んだだけでは間違いに気づかないでしょう。そもそも「どこを読み違えるのか？」という視点が養われていないからです。

ここで、「2階建てボックス」を書いてから、まず選択肢アについてだけ、一緒に

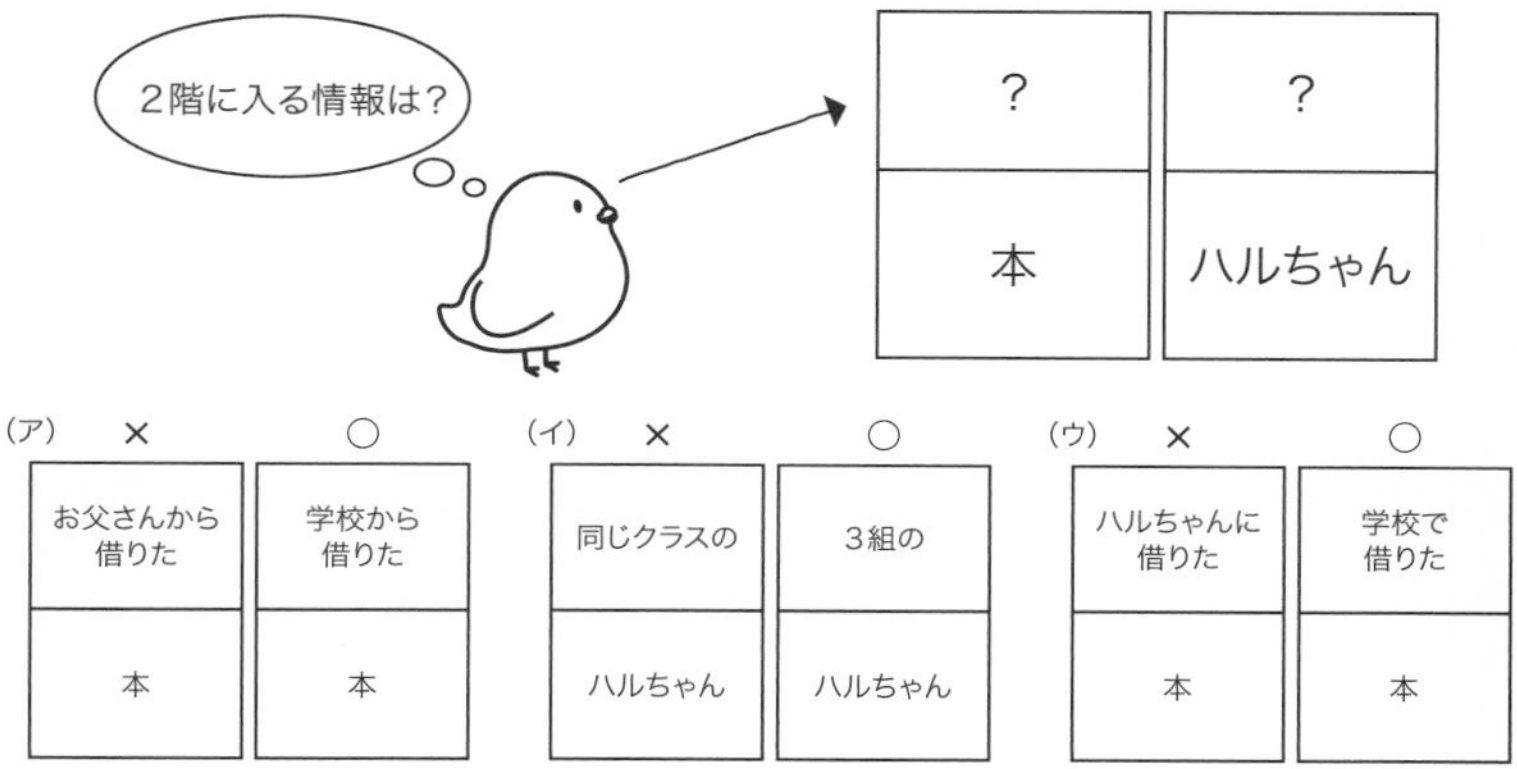

考えてみてあげてください。

「本という言葉の2階はどうなっている？」と思考の方向付けを促してあげると、「お父さんから」ではなく、「学校で」借りた本というのが正しいと見つけられるはずです。

少なくとも、この選択肢を利用して「言葉の前後が正しい説明になっているかを確認しよう」と意識するので、「論理的な読み方」の具体的なチェック方法を学ぶことができます。

選択肢イ、ウはもちろんのこと、他の問題を考える場合でも、読み方の基本的な方向性を理解できるでしょう。

わざわざ「2階建てボックス」を書くことで、**空欄が目に入り、その空欄を埋めるための情報を探す作業を促します。**

間違い探し型にして「勘で選ぶ」のをやめさせる

もう1問、ワークを紹介しましょう。今度は、低学年向けです。

【ワーク】

むかし　となりの村に　大きなさくらの木がある　小さな公園がありました。
その公園では　たくさんの子どもたちが　まいにち　あそんでいました。
ある日　カミナリのせいで　さくらの木が　もえてしまいました。みんな　とてもかなしかったので　公園のちかくに　さくらの木を　うえました。もっと大きなさくらになるといいなと　みんなが　ねがっています。

Q　アからウのまちがいをおしえてください。
ア：わたしのいえには　大きなさくらがあった。
イ：もういちどうえたさくらは　もっと大きなさくらになった。
ウ：みんなは　かなしかったので　公園に　もういちど　さくらの木をうえた。

低学年の読解力で大切なことは、**「自分の答えや読み方が、本文と適合していなければならない」ということを学ぶこと**です。

「自由に読んでいい」と思っていたり、選択肢を選ぶときも「選択肢だけを読んで自分の常識と照らし合わせたりしている」ことがあります。

選択肢と本文を見比べて、違いがないかを検証する作業自体をしたことがない子も多いのです。

「正解を選ぶ」タイプの問題だと、間違えたときに「あっ！　そっか！」とテキトウな返事をして、別の答えを再び根拠なく選んでいるということがあります。

だからこそ、**「間違い探し」という設定によって、本文と選択肢を行き来する経験を必然的に積んでもらう仕掛けが大事**なのです。

この問題を「本文と合っているものがあれば選んでください」という設定にするとイを選んでしまう生徒が続出します。

もっと大きなさくらに「なるといいな」まで読まずに、「次のさくらをうえた」と「ねがい」をごちゃ混ぜにして、願いが実現したかのような読み取りをしてしまうのです。

「2階建てボックス」は名詞だけで使うものではありません。動詞でも、副詞でも活用できます。

慣れてくると2階を探すだけでなく、1階を確認するという視点も養うことができます。

もっと大きなさくら	？	？
？	もういちど	大きなさくらの木がある

低学年ですと、ここまでの精緻（せいち）な読解をしていなくても、問題は解けてしまうことのほうが多いでしょう。

しかし、低学年時に雑な読みグセがつくと、中学年から高学年にかけて一気に全科目に悪い影響が出てきます。

たとえば、算数で問題文を細かく読まずに「とりあえず足してみた」や、国語の問題を解くときに「なんとなくそんなことが書いてあった気がする」と選択肢を選んでしまうのです。

保護者の方からよく相談される「ヒントの出し方のコツ」

子供に勉強を教えているときに、ヒントを与えようとして答えを言ってしまう、というお悩みを、保護者の方から多くいただきます。ヒントを与える**コツは、「どこに着目して考えるか？」を方向付けしてあげること**です。

そこで、正解のポイントになる箇所を次のように絞り込んであげると、「2階建てのチェック」をどの単語で意識すれば良いのかが具体的によくわかります。

【ワーク】

Q**【　】**の中の言葉は間違っています。なおしてください。

たかしくん：**【**わたしのいえに**】**は　大きなさくらがあった。

よしこさん：もういちどうえたさくらは　**【**もっと大きなさくらに**】**なった。

リサさん　：みんなは　かなしかったので　**【**公園に**】**　もういちど
　　さくらの木をうえた。

解くために本文をしっかりと検索しているはずなので、解き終わったら「どこに書いてあった？」と問いかけてあげると良いでしょう。

慣れてきたら、本文に線を引いたり、★などの印をつけるようにすると読解力を上げる良い習慣となります。

また、**選択肢をア、イ、ウではなく人名（たかしくん、よしこさん、リサさん）にすることで「人は読み間違えることがある」という認識を高めることもできます。**

「選択肢Aは間違っている」よりも「たかしくんが読み間違えているね」ということで「自分事」として考えやすくなります。小さな工夫ですが、とても効果的です。

読解練習の題材は「国語の教材」以外がいい！

国語の読解をしている状況に比べて、その他の教科の勉強や普段の生活の中では、「しっかり読もう」という意識は低下するものです。

たとえば、スーパーの広告を考えてみましょう。

セール価格で５００円。さらに２つ目は半額です！

「半額」にだけ目がいく人は、２つで５００円だと勘違いしてしまいます。「半額」の２階は？を考えると「２つ目は」に意識が向くようになります。

子供達は「国語の時間」以外は、「日本語をしっかり読む」ことへの意識が低くなりがちですので、読解練習の題材としてロジムでは、生活に密着した文章や、算数・理科・社会の教材を活用するようにしています。

すると、これらの科目でも国語の時間と同じような「読解への意識」を持つようになります。たとえば、理科の説明文です。


ものが燃えるには「燃えるもの」と「酸素」と「熱」が必要です。「酸素」は「燃えるもの」と結びついて熱と光になります。

「燃えるもの」と結びついて、熱と光になるのは「空気中の酸素」だけではありません。物の中に含まれている酸素と結びついて燃えることもあるので注意が必要です。


この説明文に対して、「酸素」の2階は？　と問いかけると、すぐに「**空気中の**」と「**物の中に含まれている**」の2通りあることに気づくことができます。

2通りあることに気づければ、その2通りの違いに意識が向くようになります。

さらに、この文章が伝えたい「**物体の燃焼に必要な酸素は空気中の酸素だけではない**」という要点を理解することができます。

「**読解力**」**は国語の授業中以外にこそ感度を高めなければいけないもの。**

「2階建てボックス」は印象に残りやすい思考法なので、少しの演習で使いこなせるようになります。あらゆる場面で活用できる「読解ミスを減らすための安全手法」です。

「てんとう虫ボックス」で基本3情報を読み取る

次のステップでは、私が読解の基本3情報と読んでいる**「主語・述語・条件／理由」の読み飛ばしを防止する方法**をご紹介します。

たとえば、「走っている」という述語を見たときに、

【主語】誰が走ったのか？
【条件／理由】どこまで？　速さは？　どうして？

を取り違えると、問題が解けなかったり、話の意味、内容を自分に都合良く変えてしまいます。

ここでのポイントは、「条件／理由」です。学習をする上で、実は一番飛ばし読みが多いのは「条件」や「理由」であり、被害も大きくなりがちです。次の問題を見てみてください。

【ワーク】
ジェニーさんは分速20メートルで家を出発しました。５分後に、妹のリサさんが分速30メートルで家を出発して追いかけました。リサさんは何分後に追いつきますか？

という問題では、
「出発した」「出発して追いかけた」「追いついた」
という３つの述語が出てきますが、それぞれについて、
主語・述語・条件／理由
をチェックすると、問題を解くための情報を不足なく得ることができます。授業でのやり取りを再現してみます。

先生　：最初に出てくる行動は何かな？
Aくん：「出発した」
先生　：主語と条件／理由は？

てんとう虫ボックス

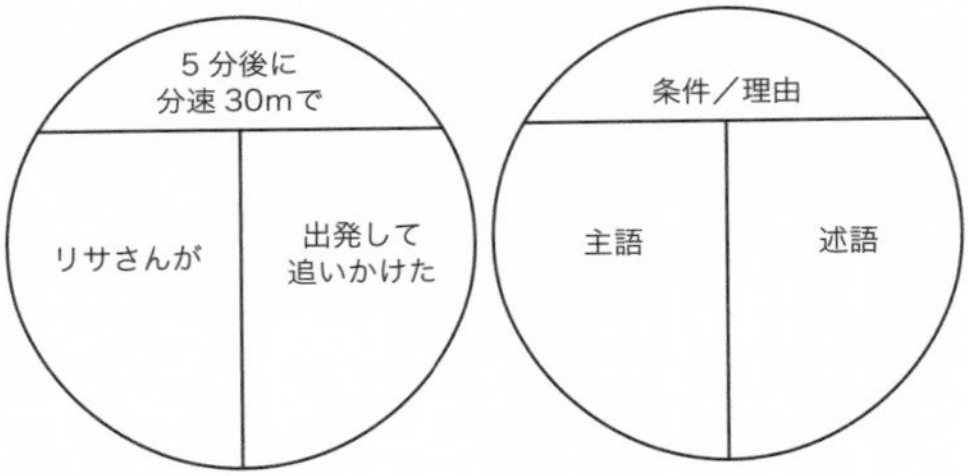

Bくん：ジェニーさんが、分速20メートルで。理由は学校に行くためかな？

先生　：いいね。学校に行くってことでもいいと思う。確認する習慣がついているね。

このように「述語」を出発点にして、3つの要素をチェックする視点を身につけていきます。

ここでは、**2階建てボックスが進化した「てんとう虫ボックス」（上の図）で考えていきます。**

Aくん：次に出てくる行動は、「出発して追いかけた」です。

先生　：この行動の主語と条件／理由は？

Bくん：リサさんが、5分後に分速30メートルで。寝坊したけど追いつきたいからかな？

先生　：寝坊かどうかはわからないけど、「追いつきた

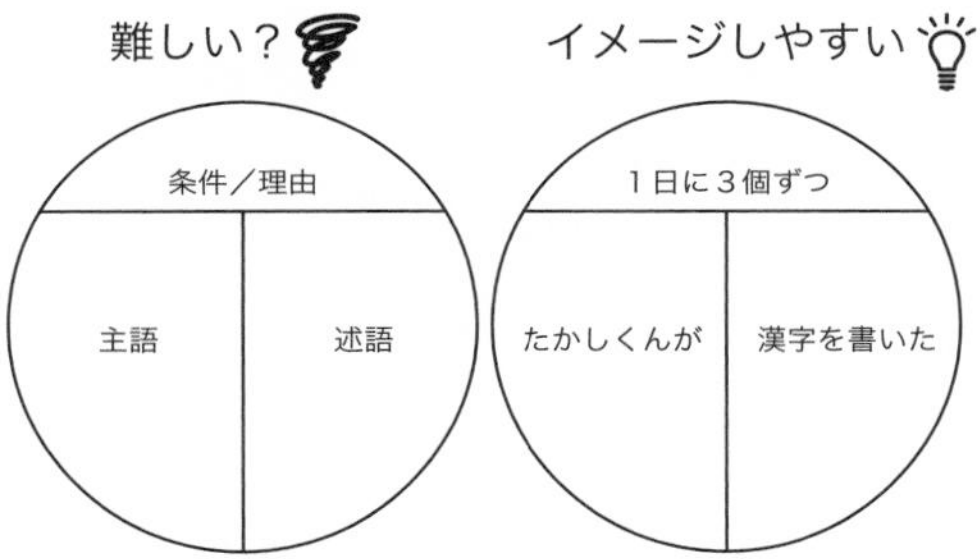

い」っていうのは良い視点だね。なぜそう思った？

Bくん：リサさんのほうが速いから。

先生　：良いところに気づいたね。

Aくん：次の行動は「追いついた」だよ。

Bくん：リサさんが追いついたんだね。条件は書かれてないと思う。理由はリサさんのほうが速いから。

先生　：どの情報もなければ問題が解けないね。よく読めています！

理解の早い方は、「理由」など不要だと思うかもしれません。しかし、多少の想像を含めて「寝坊して遅れて出発。先にいる姉に速いスピードだから追いつく」という状況をイメージすると、スムーズに問題を解き進めることができます。

低学年のうちは、「主語」「述語」「条件／理由」という言葉が難しいので、具体的な例を書き込んだ「てんとう虫ボックス」を見せてあげて、「3つの要素とは何か？」をイメージさせてあげると良いでしょう。

ごちゃごちゃの中からも、主語がスッキリ見つかる！

では、てんとう虫ボックスを使って「主語をチェックするワーク」に挑戦してみましょう。

【ワーク】

むかしから、よういちくんは勉強が【得意です】。家でもいつも【勉強をしています】。時々【サボる】こともありますが、基本的にがんばり屋さんです。弟のけいいちくんは勉強が苦手です。【わからない】ところがあると、よういちくんが教えています。【しょうらいは先生になる】とお母さんは思っています。

Q1　次の文章を正しく直してください。

ア：弟のけいいちくんは時々勉強をサボる。

イ：よういちくんはわからないところがある。
ウ：弟のけいいちくんはがんばり屋さんだ。

Q2　次のうち、文章に出てきた人にマルをつけてください。
お父さん　お母さん　よういちくん　けいいちくん　まりさん　クラスメイト

Q3　ア〜オの5つの（　）について、だれが？　を答えてください。
（ア　）は勉強が得意だ。
（イ　）は勉強しています。
（ウ　）がサボる。
（エ　）は勉強が苦手。
（オ　）がしょうらいは先生になる。

Q3のオについては、クラスで意見が分かれることが多いです。「主語―述語」の考え方でチェックをしない子は「お母さん」と答えることもあります。「お母さん」は「思っている」に対応する主語ですね。

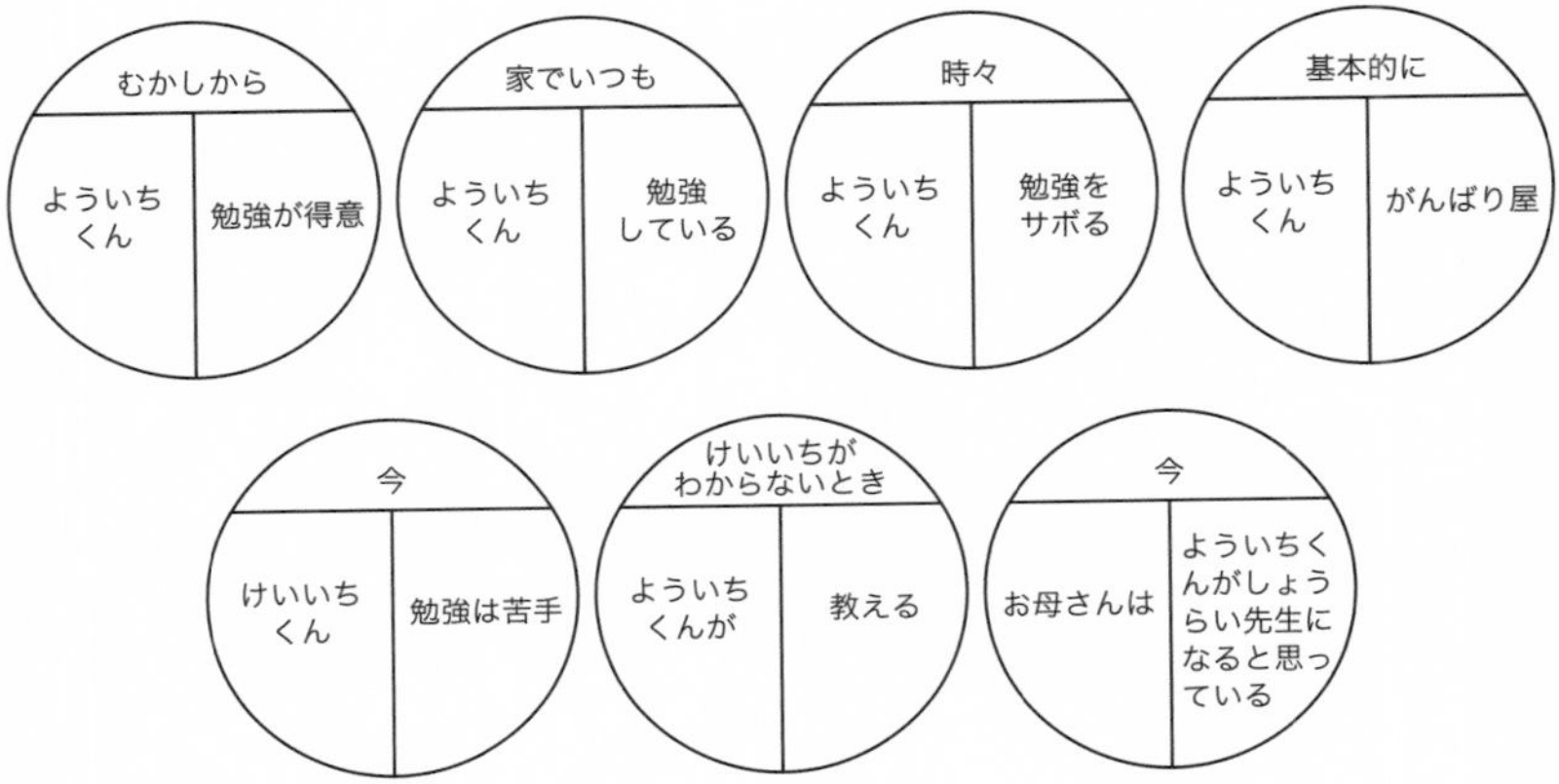

また、「お兄さんが先生になる」も「弟が先生になる」もあり得ます。

ここでも「判断するためには、情報を読み取りにいく必要がある」と意識付けすることを目指します。

これらは、いずれも「てんとう虫ボックス」の空欄を埋める問題です。

最初のうちはめんどうでも、「てんとう虫ボックス」を自分で書いてみたり、親が書いてあげることで、考えるヒントをつくってください。

「ごちゃごちゃした文章を読むときには、てんとう虫ボックスで要素を確認する」という習慣を身につけていきましょう。

解像度の高い読み方とは？
――「主語・述語・条件／理由」

次は、条件／理由をチェックする力を高める、読み取りワークをご紹介します。

【ワーク】

エネルギーになるものは主に糖質（炭水化物）、脂質ですが、糖質の摂取量が足りないと、たんぱく質が分解されてエネルギー源となります。安静にしていても、臓器を動かすなど、生命を維持するためにはエネルギーが必要です。

また活動量が多いほど、たくさんのエネルギーが使われます。逆に、活動量で使う分より多くの糖質や脂質をとると、その分は身体に蓄積されます。

（国立循環器病研究センター病院）

Q　次の選択肢の誤りを直してください。

（ア）活動量が多いと糖質や脂質が身体に蓄積される。

（イ）たくさんのエネルギーを使うとたんぱく質が分解される。

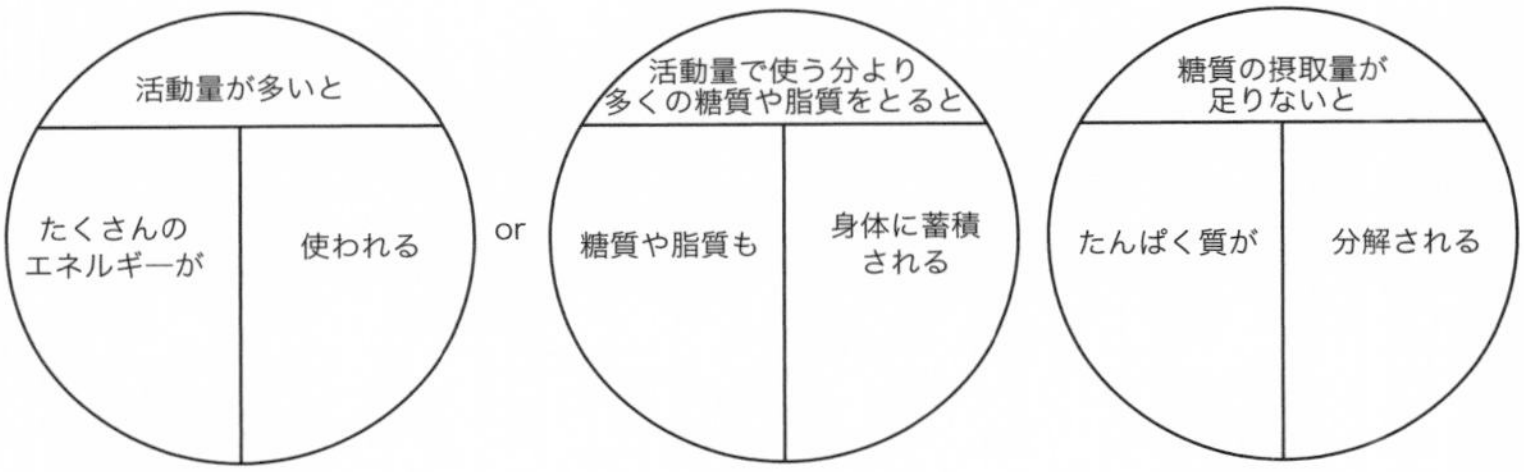
活動量が多いと
たくさんの
エネルギーが
使われる
or
活動量で使う分より
多くの糖質や脂質をとると
糖質や脂質も
身体に蓄積
される
糖質の摂取量が
足りないと
たんぱく質が
分解される

（ウ）たんぱく質は分解されている。

（ア）と（イ）は、「書いてあることと違う」という基本的な誤りです。

注意していただきたいのが（ウ）です。

「たんぱく質は分解されている」ということは、間違いではないじゃないか！」と考える子供は少なくありません。

しかし、これは雑な読み取りであり、雑な表現であり、いわゆる「解像度の低い」、あいまいな思考の典型です。

筆者は、「糖質の摂取量が足りない場合に」本来必要のないたんぱく質の分解が始まる、という**「特別な状況」を説明したい**のです。

つまり、強調したいのは、糖質の摂取量が足りないという「異常事態には、普通とは違うことが起こる」ということです。

問題でもここが問われることが多いですし、解像度を勝手に低くして読み取ってしまうと、まさに「話が噛み合わない」ことになってしまいます。

「問い」を忘れないための「二重てんとう虫ボックス」

「せっかく解けたのに！」と叫びたくなるのは、「答え方」を間違えたときです。

問題文が複雑になってくると、「問い」の読み間違いや読み飛ばしが頻発します。

頭の中で考えていたり、計算をしたりしている時間が増えてきて、**「そもそも何を聞かれていたんだっけ？」ということが抜け落ちてしまったり、思い込みで答えてしまったりする**のです。

「そもそも、何を問われていたのか？」を忘れてしまいがちな代表的問題を紹介します。

【問題】

３人は合わせて25個のアメを持っています。

たかしくんは、よしこさんにアメを４個あげました。よういちくんはたかしくんにアメを6個あげました。すると今、よしこさんはたかしくんよりもアメを5個多く持っています。よういちくんは持っているアメが半分になってしまいました。
よしこさんは今アメを何個持っていますか？

シンプルな問いですが、作業は複雑です。線分図を書いて、やりとりを確認していると**「何を答えるのか？」が頭から抜けてしまいます。**

「問い」の確認は最も基本的なものです。

「よしこさんは今アメを何個持っていますか？」という部分に線を引いておくだけで大丈夫な子供もいますが、「てんとう虫ボックス」で確認するとより確実なものになります。

ロジムでは、問題文に書かれている諸々の条件と区別しておくために、**「二重のてんとう虫ボックス」を書くように指導し、問いを絶対に忘れないようにしています。**

「問い」は絶対に忘れない

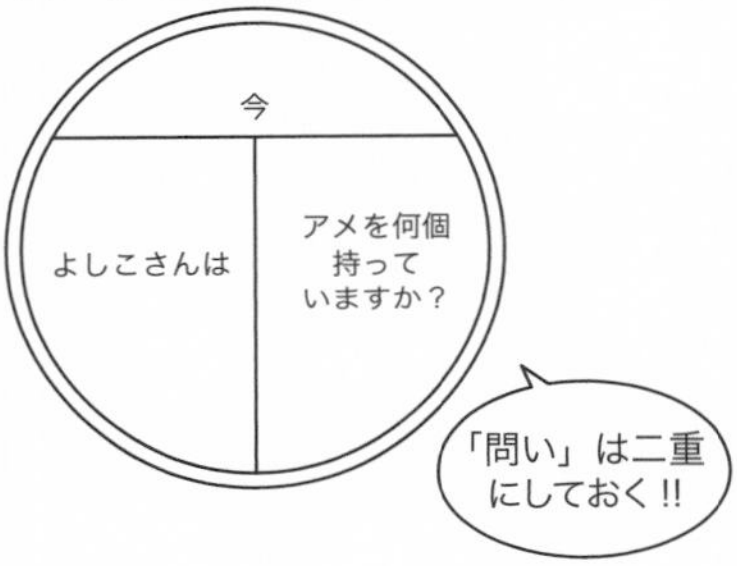
今
よしこさんは
アメを何個
持って
いますか？
「問い」は二重
にしておく!!

「問題文をよく読んで！」と言いたくなるのは、３つの要素のうち、主語や条件／理由を取り違えているときです。

「最初にたかしくんが持っていたアメの数」を答えてしまったり、「最初によういちくんの持っていたアメの数」を答えてしまったりします。

問題を解いていくと、これらが求められるととてもうれしいので、反射的に解答欄に書き込んでしまうのです。

こういったことを防止するために、最初のうちはめんどうでも「二重のてんとう虫ボックス」を書いておくことが大事です。

次の問題は、ロジムの宿題用の添削問題です。

「必ず間違えてしまうたかしくん」に上手に説明してあげることで、自分自身がそのような間違いをしなくなる考え方が身につきます。

添削問題

【問題】

たかしくんは次の問題を解きました。

Aくんは3個のさくらんぼを持っていて、Bくんは5個のチョコを持っています。AくんとBくんはさくらんぼとチョコを1つずつこうかんしました。今Aくんの持っているチョコは何個ですか？

【たかしくんの答え】

5個のチョコを持っていて、そのうち1つをAくんにあげたので、5－1＝4で4個。

Q　たかしくんは間違えてしまったようです。どこを間違えていて、どのようにすれば正しい答えが出せるか教えてあげてください。

3年生の答えを紹介します。

【例1】

たかしくんはBくんの持っているチョコの数を答えている。Aくんの持っているチョコを答えないといけないから1個。

【例2】

たかしくんはAくんのチョコではなくBくんの持っているチョコを答えている。チョコだけ見ないようにするといいよ（「〝誰が〟持っているチョコの数を答えるのか」にも注目しよう、ということでしょう）。

「問い」は？

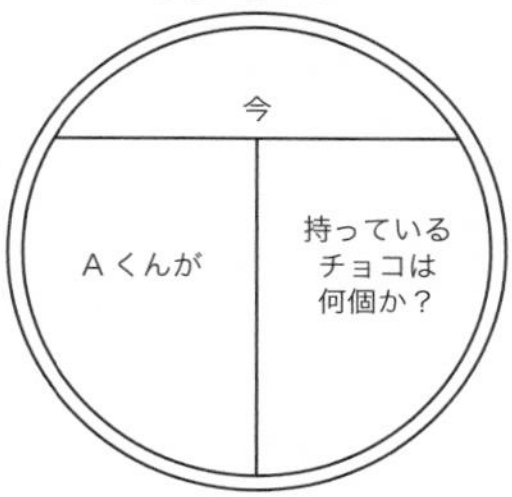

答える「チョコ」は？

3年生なのでたどたどしいですが、「チョコ」という単語だけではなく「どんなチョコか？」を確認することの必要性を理解できたようです。

説明することは、読解の技を身につけるために一番良い方法だと言えるでしょう。

この問題では、「2階建てボックス」でも間違いに気づけますし、「てんとう虫ボックス」でも、もちろん気づくことができます。

練習をくり返すと、子供達はレベルに応じて、使いこなすようになっていきます。

なぜ、全く的外れな答えをしてしまうのか？

試験問題では、「何を」答えるか？　はもちろんのこと、条件／理由をしっかりと確認しなければならないものが少なくありません。たとえば、次の文章を読んでみてください。

「ニセアカシアの絵のことを考えるとからだも頭も重くなる」のはなぜですか。説明しなさい。

（麻布中学校）

この問題文で重要なのは、
ニセアカシアの絵のことを考えたときに【条件・前提】
主人公が体も頭も重くなる
という構造です。
「体も頭も重くなる」という事実だけ捉えるのではなく、それが「ニセアカシアの絵のことを考えたとき」という条

件に限定して発生する理由を考えるのです。

この問題では、「ニセアカシアの絵を考えたとき」の特殊性を考えるのがポイントです。特別な「条件」を正確に読み取り、「これがなぜ、特別なのか？」「なぜ主人公にとって否定的な意味を持つのか？」に焦点を当てて答えをつくることになります。

まさに、**「問題文を読めなければ、的外れな解答になる」という典型的な出題**です。

まさに、問いを「てんとう虫ボックス」で整理することの大切さを確認いただけるのではないでしょうか。

実際の中学入試の問題も見てみましょう。海城中学校の社会の問題です。

問１　下線部①に関連して、次の問いに答えなさい。

（１）次の文章は、伊能図と赤水図を見た生徒と先生の会話です。

生徒：現代の地図とほとんど形が変わらない日本地図を作った伊能忠敬は本当にすごいですね。ぼくが当時の人だったら赤水図よりも伊能図の方を使いたいと思います。

先生：そうですね。ただし赤水図がすべての面で劣っていたわけではないようですよ。もし、当時伊能図が人々に公開されていたとしても、伊能図の方が赤水図よりも普及していたとは断言できません。

先生が波線部のように発言するのはなぜでしょうか。《資料1》・《資料2》を参考に、江戸時代後半の人々の暮らしの変化や、伊能図と比べたときの短所にもふれながら、赤水図の長所について150字以内で説明しなさい。

150字の記述という長いものですが、

・資料1と資料2を参考にする
・江戸時代後半の人々の暮らしの変化に言及する
・伊能図と比べたときの短所に触れる

という条件を満たしながら「赤水図の長所を述べる」というものです。

書いている内容の正しさ以前に、この条件を満たしていない解答はとても多いのです（多くの場合条件がヒントになっています）。

短所に触れながら、長所を説明するので、答えることは2つです。

答えることは2つ

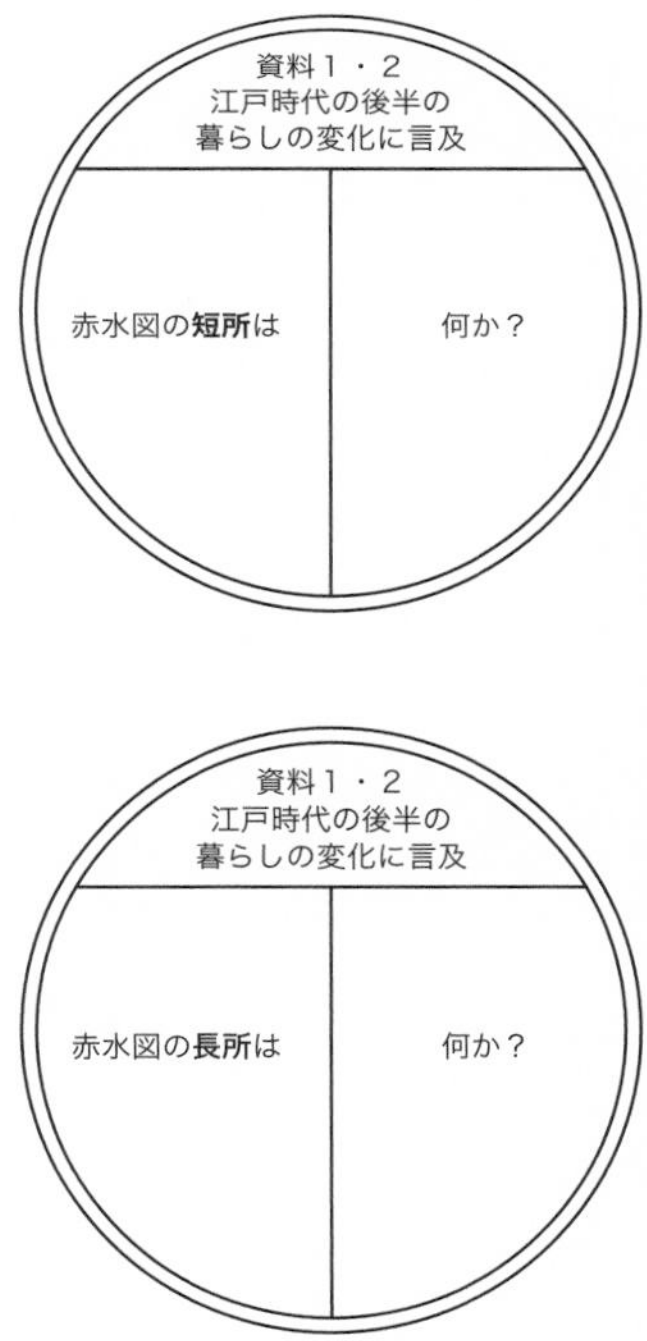

国語の問題もご紹介しておきましょう。多くの学校が問題に採用している文章なので確認しておいてください。

【問題】
「エッちゃんと初めて会ったとき、ほんとうは気が合いそうだとすぐに思った」のはなぜか。

「気が合いそうだと思った」だけに注目してしまう解答が多いのですが、設問で読み

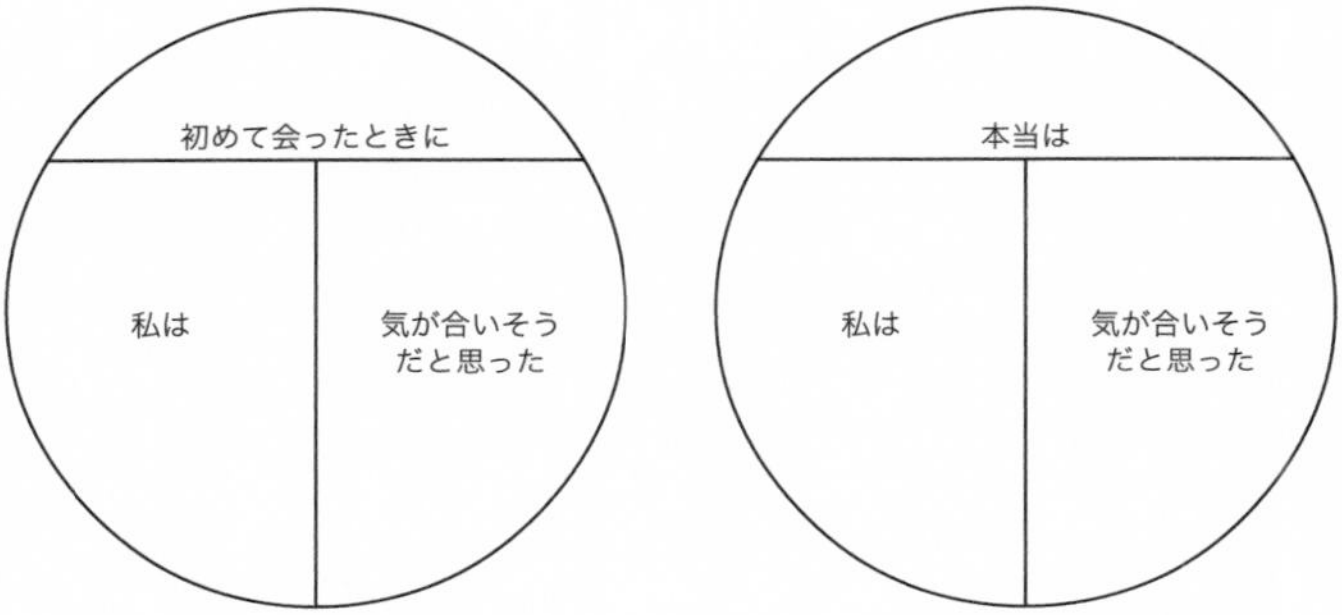
初めて会ったときに
私は
気が合いそう
だと思った
本当は
私は
気が合いそう
だと思った

取らなくてはいけない大切なポイントは、

- **「エッちゃんと初めて会ったとき」**に気が合いそうだと思った
- **「本当は」**気が合いそうだと思った

という読解です。初めて会ったときの出来事を探すべきであり、「本当は」についても言及しなければなりません。

この文は重松清さんの短編『季節風 秋』（文藝春秋）の中の「サンマの煙」のもので、非常に多くの学校で問題に採用されています。読解力を測定するのに効果的なのだと思われます。

条件に目がいけば「普通」と「特別」を区別できる！

「参考書Aに取り組んだヒロシくんは成績が伸びた」

「図形が伸び悩んでいたときに、参考書Aに取り組んだヒロシくんは成績が伸びた」

という、２つの情報は意味が異なります。

参考書Aは、**「図形が伸び悩んでいる場合に有効」だという条件がある**のです。

しかし、「参考書Aに取り組んだヒロシくんは成績が伸びた」の部分だけを読んでしまうと、**「図形が伸び悩んでいる場合」という特殊な条件に当てはまらない人**が、ムダに参考書Aに取り組んでしまうことになります。

「解像度が低い」とは、このように「当てはまらない部分もまとめて考えてしまう」という大雑把な思考・読み方のことです。

効率的でなくなってしまうだけならまだしも、全くムダで、関係のないことに取り組んでしまったり、信じてしまったりします。

てんとう虫ボックスの「条件／理由」の部分を考えることは、筆者がわざわざ伝えたいと思っている「特別な」状況を的確に把握することにつながります。

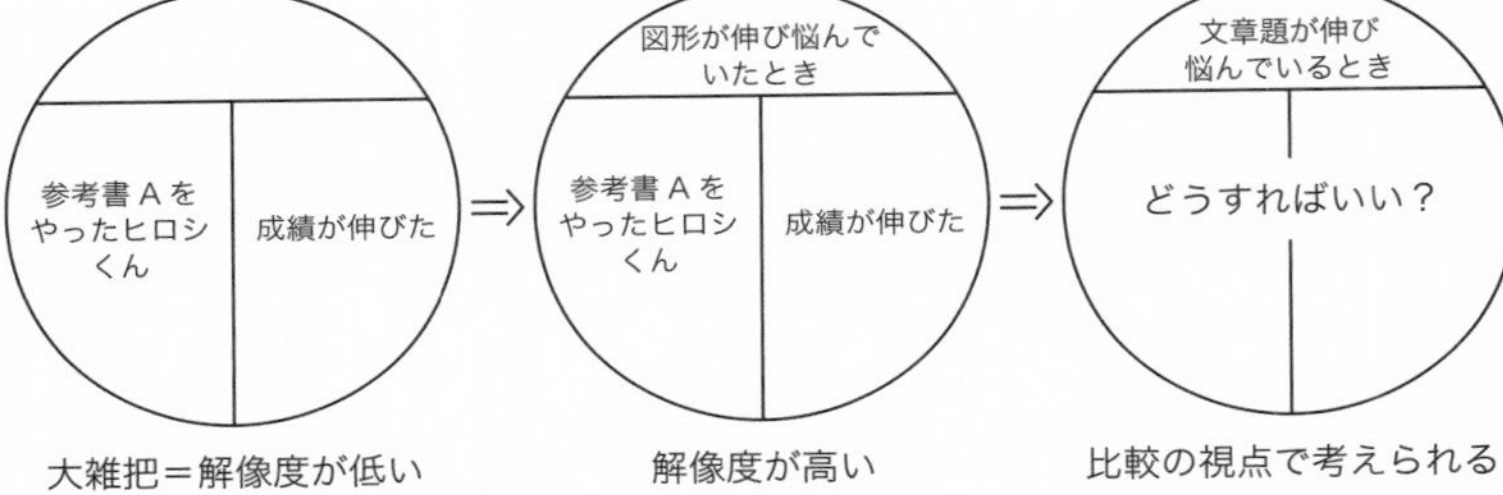

したがって、解像度を高くして読むことになります。

そうすることで、「他の場合は？」とか「普通はどうなの？」といった比較の視点にもつながっていくので、筆者の伝えたいことが明確になり、情報を効率的に活用できるようになるのです。

比較の基本は、**「普通」**と**「特別」**です。

てんとう虫ボックスの条件／理由の部分を埋める作業を通して「何が普通で、何が特別なのか？」を考えることができるようになると、そこで述べられていることの価値も理解できるようになるでしょう。

価値とは、「普通はこうだけど、特別な場合はこうだ」とか「今まではこうだったけど、今はこうだ」とか「みんなこう信じているけど、本当はこうだ」といった「違い」のことです。

これは国語の文章で述べられている内容だけでなく、算数・理科・社会の説明を正確に読解するのにも非常に重要です。

たとえば、場合の数の問題では、「Ａ通りとＢ通りをかけ合わせると、全部で何通りかが求まる」と覚えてしまっている生徒は多いのですが、これは、

A通りとB通りが同時に起こるときには、

「場合の数の問題では、Ａ通りとＢ通りをかけ合わせると全部で何通りかが求まる」

というような条件がつくのです。いわゆる積の法則です。

このように条件を読み取れれば、

「では、Ａ通りとＢ通りが同時に起こるときには？」

という比較の視点につながり、

A通りとB通りが同時に起こらないときには、

「場合の数の問題では、Ａ通りとＢ通りを足すと全部で何通りかが求められる」

という、和の法則への理解につながるのです。

【コラム】

世の中は「よく読まない子向け」の商品であふれている！

ゲームなど、昔と比べて「説明書」が必要なおもちゃが減っています。スマートフォンにも説明書が付かなくなっていますね。アプリで遊ぶにしても、別冊の説明書を読まなくてもいいように設計されています。

この状況は、サービスを受ける側の子供達にとっては麻薬のようなものです。

読解力を必要としない消費活動にどっぷり浸かっていると、消費者でいるうちは楽でいいでしょう。しかし、自分でものをつくり出したり、発信する側にまわるための力が育まれないまま年を重ねてしまいます。

文章を読むのがめんどうだからと「全教科、マンガの教材を用意してもらわなければ学べない」となると、学ぶ機会が減ってしまいます。大人になって、ビジネスの場で「最先端の実験結果の論文を読む気がしないから、映像化してくれ」と言っても誰も相手にしてくれません。

保護者の方も意図的に「読解の機会」をつくってあげなければならない時代だと言えます。

第 4 章

複雑な文章を“スッキリ理解”する図の３技術

～【読解力の分解トレーニング②】文の関係性を把握する～

比較表現で混乱しないための「図」の技術

文章を図式化すると、**情報を比較しやすくなったり、見失うことが減ります。**教科書や模範解答でも、図式化されているとわかりやすいですよね。

ここで、文章の図式化の大切さを実感できる問題をご紹介します。

【ワーク】

2つのコップに水を入れて、一方にはフタをして、もう一方にはフタをしないで日なたにおきます。

フタをしたほうは、水がへりませんでしたが、フタをしなかったほうは水がへりました。フタをしなかったコップの水は、空気中に出ていったことがわかります。

問題の情報を次のように図式化してみると、比較しやすくなります。

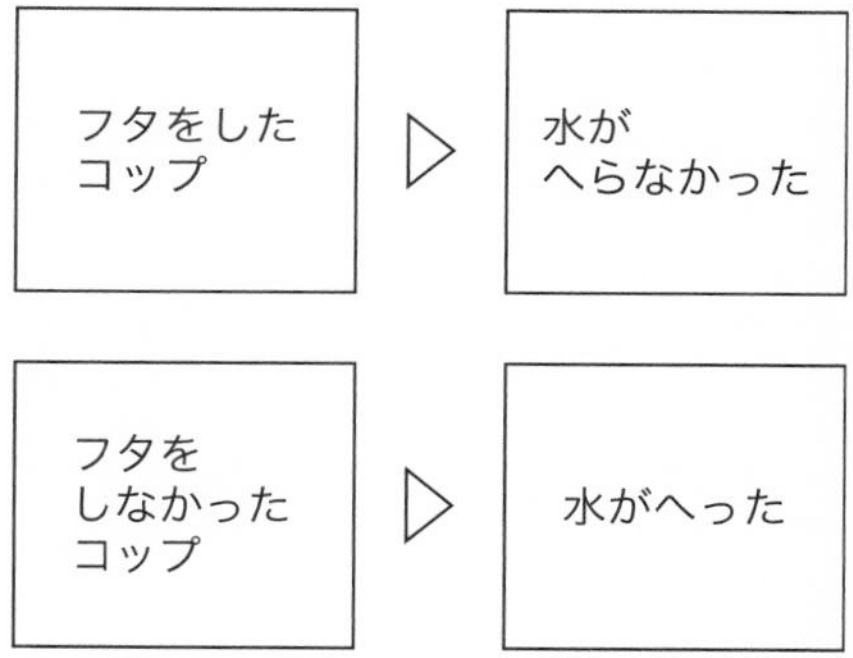

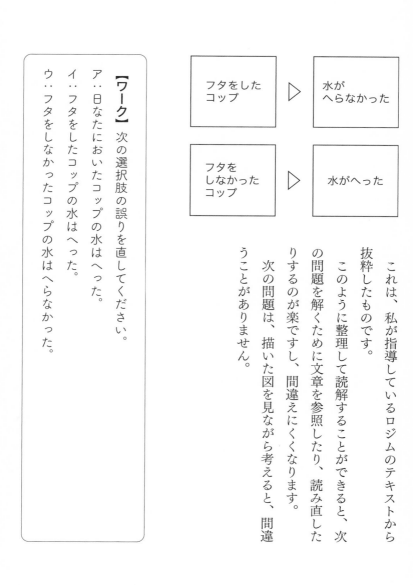

これは、私が指導しているロジムのテキストから抜粋したものです。

このように整理して読解することができると、次の問題を解くために文章を参照したり、読み直したりするのが楽ですし、間違えにくくなります。

次の問題は、描いた図を見ながら考えると、間違うことがありません。

【ワーク】 次の選択肢の誤りを直してください。

ア：日なたにおいたコップの水はへった。

イ：フタをしたコップの水はへった。

ウ：フタをしなかったコップの水はへらなかった。

日なたにおいたコップ、フタをしたコップ、フタをしなかったコップ。

「○○なコップ」というように、条件が「○○なA」という形式で表現されています。**「主語が長いと、思考の負荷が高く、読むのがめんどうになる」というのが、読み飛ばしの主な要因です。**

「日なたにおくか、おかないか」という条件が加わって、「フタをして日なたにおいたコップ」と「フタをせずに日かげにおいたコップ」というように、さらに主語が長くなると読み飛ばしが横行して、間違える生徒が続出します。

頭の中で表を描ける子供もいますが、それは少数です。**まずは一緒に表をつくったり、箇条書きにして「見やすく」する作業を手伝ってあげてください。**

読み飛ばしをする生徒は悪気なく「自分は読めている」と考えていますので、「何か対策しなくては！」という危機意識を持っていません。

本来、この問題は実験の状況を整理して、「そこから言えること」を読み取ることを求めるものです。

この手の問題は、「○○なAは」と「△△なAは」という、**並列・対比表現がキーワードになります。**

しかし、そもそもの前提である「実験の状況と結果」を把握する段階で、雑な読解により間違えてしまうのはもったいないですね。
急がば回れの精神で、**「整理整頓の図式化」**は有効です。
考えるべき項目が増えてくると、なおさら図式化をしながら読むと理解度が高くなります。並列・対比の表現が複雑な問題を紹介しましょう。

【ワーク】

夏の夜空に見えるさそり座のアンタレスは赤い星で、春の夜空に見えるおとめ座のスピカは青白い星です。青白い星は星の表面の温度が高く、赤い星は表面の温度が低いのです。

Q　ア～ウのまちがいを教えてください。

ア：赤い星は星の表面の温度が高い。
イ：夏の夜空に見えるおとめ座のアンタレスは赤い星です。
ウ：夜空の温度が高いと星は青白く、低いと星は赤い。

「夏の夜空と春の夜空」や「赤い星と青白い星」などは、取り違えが起きやすい構造

赤い星	温度低い	夏のさそり座のアンタレス
青白い星	温度高い	春のおとめ座のスピカ

をしています。算数や理科ではこのような表現が多いですね。

これも、図式化してあると、間違いが減ります（上の図）。実際にこの表のように記載されているテキストも多いはずです。

文章を読みながら一緒に表のように書き出してあげると、「整理の仕方」がわかってきます。

文章のつながりをチャートで把握しよう

文章の図式化の大切さをご紹介したので、本章の本題に入っていきたいと思います。

この章では、重要な2つ目の読解力として、「文章のつながり」を正確に読み取る技術を学びます。

先に、1つの文章を正確に読み取る技術を学びましたが、この章では**「複数の文章の組み合わせ・関係性」を読み取ります。**

複数の文章によって、

手順の説明、
時間の経過を表現する文章

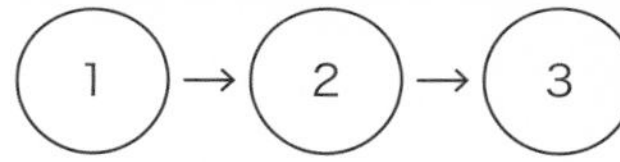

理由、条件、結果が
述べられている文章

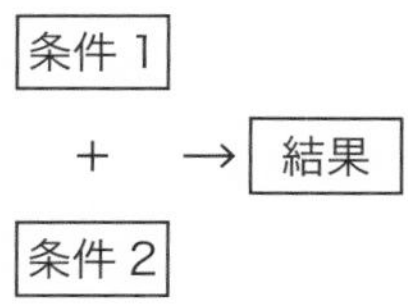

「手順が説明されていたり」、「時間経過にともなう場面変換だったり」、「理由／条件と結果の関係」が表現されます。

ここから問題を見ていきましょう。

【問題】

ケーキが３つ入った箱があります。１人に２箱ずつ渡そうと思います。３人いるときにはケーキは全部で何個ありますか？

この問題は、

ＳＴＥＰ１：１つの箱にケーキを３つ入れる

ＳＴＥＰ２：箱を２つずつにまとめる

STEP3：箱2つのセットを3つ用意する

という、3つのステップによって成り立っています。

これらを正確に把握できないと、

「2×3＝6個」だったり、「3×3＝9個」という答えにしてしまいます。

さらに高学年になってくると、手順自体の読み取りではなく、手順を正確に把握した上で、規則性を見つけたり、逆算をして値を求めたりすることが求められます。

浦和明の星女子中学校の問題を見てみましょう。

【問題】

1から10まで、それぞれの番号がかかれた玉が1個ずつ、全部で10個あります。10個の玉はA、Bどちらかの箱に入っていて、サイコロを振るごとに、「1」から「6」のうちの出た目の数で割り切れる番号のかかれた玉を移しかえます。

例えば、はじめに全部の玉がAに入っていて、サイコロを振って「2」の目が出たとします。そのときは、2、4、6、8、10の玉をBへ移します。その後、またサイコロを振って「3」の目が出たとします。そのときは、3、9の玉をBへ移し、6の玉をAへ移すので、Aには1、5、6、7の玉、Bには2、3、4、8、9、

10の玉が入っていることになります。
（1）はじめに全部の玉がAに入っていて、サイコロを3回振って「4」、「1」、「5」の目が出ました。Aに入っている玉の番号を小さい順にすべて答えなさい。
（2）全部の玉がAに入った状態からサイコロを何回振っても、ある番号とある番号の玉は必ず同じ箱に入っています。その番号の組をすべて答えなさい。例えば、1と2の組を答える場合は、（1、2）のように書きなさい。

「問題文に書いてある通りに作業するだけじゃないか」と思われるかもしれません。しかし、ある程度の文章量になると、**「作業の読み飛ばし」や「順序の取り違え」や「条件の勘違い」などが多発**します。その代表例として、この問題を紹介しました。ここは読み解き方というより、子供の思考に高い負荷がかかることを実感していただければと思います。

近年の中学受験はもちろん、高校受験や大学受験でもこのようなタイプの出題は増えています。読解力のある方は「読むだけの簡単な問題」だと評価されることが多いのですが、実際には読解力の差がしっかりと反映される良い問題だと言えます。

把握できない！

いつの間にか Step3を忘れている！

このような問題の難しさは2つあります。

1つ目は、**文章で与えられている複数の作業を正確に分解して、把握できない**ということ。

2つ目は、**作業を理解できたとしても、2つ目、3つ目の作業に気を取られているうちに、その前の作業のことを忘れてしまう**ということです。

手順はどのようにして忘れてしまうのでしょうか。次の問題を見てみましょう。

【ワーク】

12mのロープがたくさんあります。ロープをすべて3等分します。それを2本1組にして15人に配ります。12mのロープは何本必要ですか？

作業がいくつか続くと、最後の作業・数字に気を取られてしまい、2本×15＝30本と答えてしまいます。

やはりここでも、間違えてしまう生徒は、そもそも「作業が多くなると、前の作業を忘れてしまう」という危険性を認識できていません。

「読んで印象に残った要素」に意識が引っ張られてしまい、間違えてしまうのです。

須磨学園中学校の理科の入試問題の抜粋です。

【問題】

被子植物のからだは（1）根・茎・葉からできています。茎や葉の緑色の部分では光合成がおこなわれます。このことが明らかになるまでに、さまざまな研究が行われました。

17世紀なかばに、ある研究者は、（2）ヤナギの木を植木ばちの土に植え5年間水だけを与えて育てると、重さが約75kg増加したのに対して、土の重さは約57gしか減少しなかったことを報告し、植物のからだのほとんどは（　ア　）からつくられると考えました。

18世紀後半には複数の研究者によって、（3）植物は光を受け取ることで酸素を発生させることや、酸素の発生には周囲に二酸化炭素が必要であることが明らかとなりました。

19世紀に入ると、閉じた容器の中に植物を入れて、容器内の気体について調べると、体積は変化しないのに対して、二酸化炭素の量が減り酸素の量が増えることが報告されました。さらに、別の研究から、光を当てた葉の緑色の部分ではヨウ素液に反応が見られるのに対して、光を当てなかった部分では反応が見られないことが報告されました。これらの研究から、植物は光を受け取ることで、空気中の二酸化炭素から、からだをつくるもととなる物資を合成していると考えられるようになりました。（4）このはたらきがのちに光合成と呼ばれます。

「光合成」についての研究・発見が、時系列に沿って説明されています。知識を一問一答形式で問うのではなく、文章の形で与えて、その中で知識のつながりの理解度を測っています。「文」が集まって複雑な「文章」となり、筆者の伝えたい内容が複合的になります。それぞれの文は各々役割を持ってきます。解説は省きましたが、文章を図式化することの大切さを知ってもらうために2校の問題を紹介しました。

本章で扱っている読解力は、**「各々の文には役割がある」ということを理解し、さらに「文と文の関係を読み取る」こと**です。

文と文との関係、組み合わせの基本的な構造は主に3種類あります。

時系列チャート

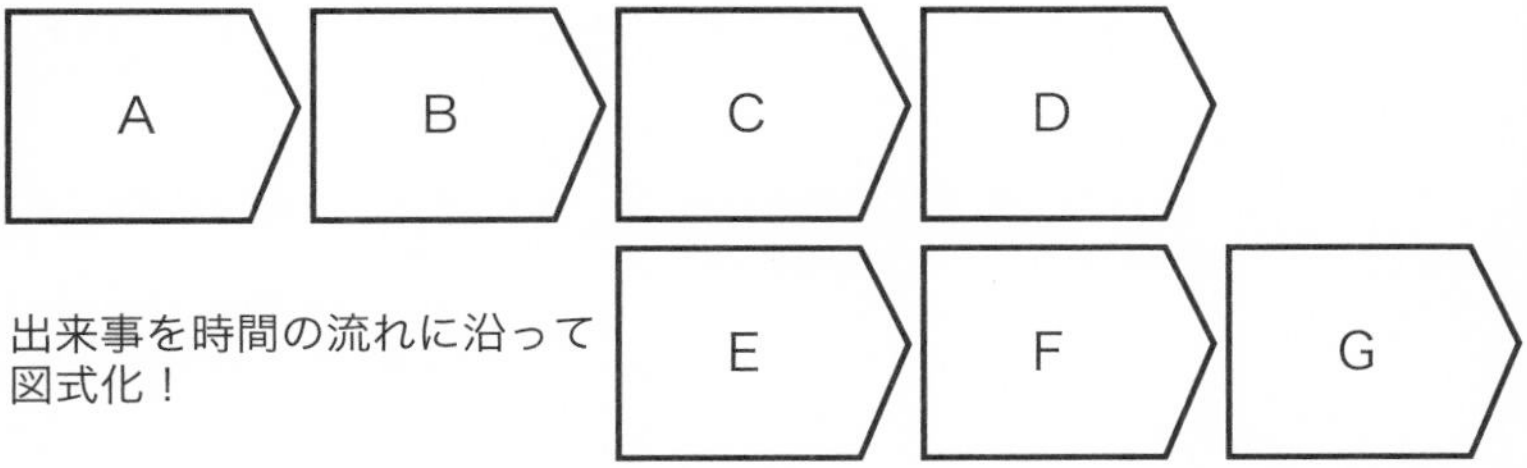

出来事を時間の流れに沿って図式化！

それぞれを整理しやすいチャート（図）に当てはめていくと、正確な把握をするのに役立ち、適宜参照しやすくなるので見落としも減ります。

ここからは、練習問題を活用しながら、３種類のチャート作成の技術を身につけていきます。

1　時系列チャート（「時間の流れ」の見える化）
2　場合分けチャート（「条件」の見える化）
3　原因チャート（「原因と結果」の見える化）

「書いてあることを書いてある通りに読解する」、これは大きな武器になります。本書のメインパートなので、とても重要です。

問題を見やすくする「時系列チャート」とは？

３種類のチャートの１つ目は、**出来事を時間の流れに沿って図式化する「時系列チャート」（上の図）**です。

簡単なものではありますが、ビジネスの場でもこの形で整理できる人とできない人とでは、問題の把握能力に大きな差が出ます。

図のわかりやすさはもちろんのこと、「見やすくしておくことの有効性」を学ぶことができます。正解への大きな一歩となり、頭の中も整理される強力なツールです。

では、時系列チャートが有効に働く問題を見ていきましょう。

【練習問題】

弟が分速40ｍで出発しました。その10分後に兄が分速60ｍで出発して追いかけました。何分後に追いつきましたか？

「弟が分速40ｍで出発した」は前提であり、それを踏まえた上で「兄が出発して追いかけた」となりますので、前後関係があります。

よって、時系列チャートで整理して、前後関係を明らかにしておくことが大事です。

キーワードは**「そして」「次に」といった時間の変化を表す接続語**（つなぎ言葉）です。

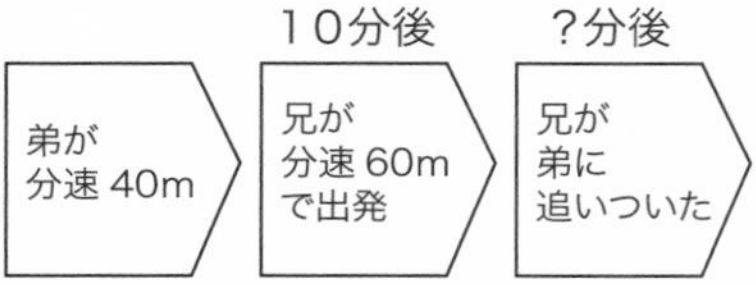

それでは、次の問題を時系列チャートでまとめてみてください。

【ワーク】

ペリーが黒船を率いて横須賀に来航して日本に開国を迫った。翌年に再度来航した際に、日米和親条約を結ぶことになり箱館港と下田港を開くことになった。ここではアメリカ船が貿易などで寄った際に食料・水・石炭などを供給することになった。

さらに１８５８年には日米修好通商条約を結ぶ。これは不平等条約と言われ反対派も多かったが井伊直弼が反対派を抑え調印。井伊直弼は反対派を次々と処分して安政の大獄と言われる。

薩摩藩は大名行列を横切ったイギリス人を殺害、長州藩は下関海峡で外国船を襲撃するなど外国を排除する攘夷運動が起こった。しかし薩摩藩は薩英戦争で敗北、長州藩は四国艦隊下関砲撃事件でアメリカ・オランダ・イギリス・フランスの報復を受けて、外国の排除は不可能だと悟り、今度は江戸幕府を倒して新たな政府を作ろうとし始めた。

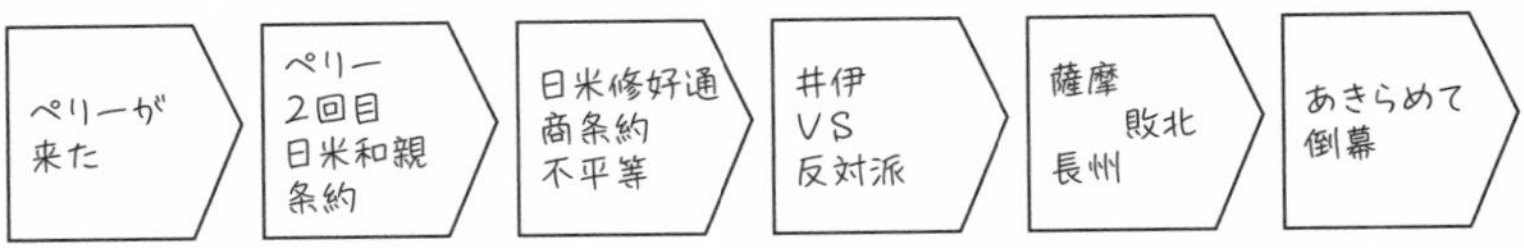

この時系列チャートは、ロジムの6年生の社会のノートに書かれていたものです（上の図）。

長い説明の中から「時系列」を大事にして、シンプルに書き出しています。覚えやすくなっていますし、頭の中でもこのように整理されているのでしょう。

時系列チャートは、当然ですが**「並び順」が重要であることを理解する道具**です。

飛ばし読みをすると、まさに飛ばしてしまったり、いつの間にか情報の順番を入れ替えて認識してしまいます。時系列チャートは、そのような読解ミスを避けるためのものです。

慣れてくれば、頭の中で描けるようになりますが、まずはしっかり書き出してみましょう。

次の問題を見てみてください。どんな所で読み飛ばしてしまうのか、考えてみましょう。

【ワーク】

３つの食塩水Ａ、Ｂ、Ｃがあります。Ａは濃さ６％で２００ｇ、Ｂは濃さ４％で１５０ｇ、Ｃは濃さ７％で２００ｇあります。

まずＡ50ｇをＢに入れてよくかき混ぜます。その後、そのＢから50ｇをＣに入れてよくかき混ぜます。次にそのＣから50ｇをＡに入れてよくかき混ぜます。Ａの濃さは何％になりましたか。

正しい手順

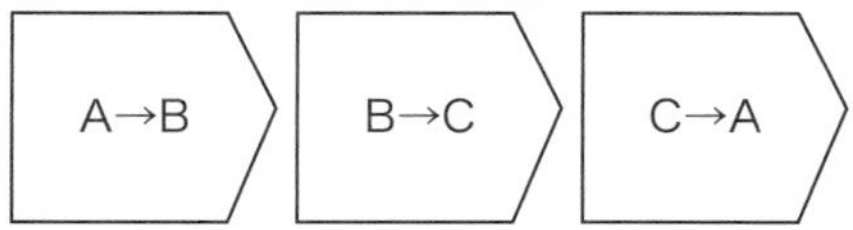

誤答で一番多いのは、最初の手順を飛ばしているものです。

最後の「ＣからＡに混ぜる」に目が行きますが、かろうじてその直前の「ＢからＣに混ぜる」までは目に入ります。

しかし、さらにその前の「ＡからＢに混ぜる」までは意識が向かなかったり、２つの作業を覚えておくので精いっぱいになってしまい、そこまでの作業で答えが出たと思い込んでしまうのです。

手順を図式化しておくことで、作業の漏れがなくなります。もう少し複雑な問題になってくると、登場人物が複数になってきます。

登場人物や物について、それぞれの動きや手順を切り分けて把握する必要が出てきます。これも、飛ばし読みをしていると、読み落としだけでなく、思い込みでいつの間にか情報の「入れ替わり」なども発生してしまいます。

主語を取り違えてしまうのを防ぐために、次の問題を見てみてください。

【ワーク】

よういちくんとケンくんが最初に持っていた水の量は4：3でした。よういちくんは持っていた水の20％を飲み、ケンくんは30％を飲みました。

そこでよういちくんは200gの水を追加し、ケンくんはそのとき持っていた水量の10％を追加しました。2人の水量の合計が2955gになったとき、よういちくんの最初に持っていた水量は何gですか。

図（次ページ）を見てください。これが正しい手順です。

代表的な誤答例を紹介しておきます。

200g追加するのがよういちくんではなく、ケンくんになってしまいます。

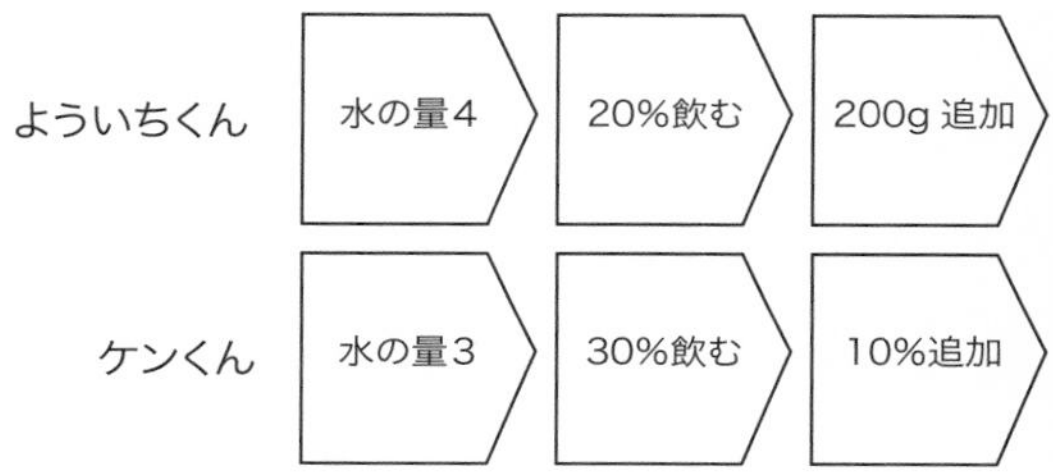

④×０・８×１・１＝③・52　③×０・７＝②・１
③・52＋②・１＋２００g＝２９５５g
２７５５g÷５・62×４＝１９６０と２４０／２８１g
すさまじい数になってしまいます。

％の話が続いていて、２００gという実際の値の話がきて、再び「10％追加」という％の話に戻るところで混乱しています。

この手の問題文では最後に「２００g加えた」というような話がくることが多いからかもしれません。

これも「比」の範囲の問題ですが、問題文の読解の段階でつまずいています。

「複数の登場人物が別々の行動をする」という設定の問題文では、算数の知識を使う以前の段階で壁にぶつかってしまうことが少なくありません。

次の問題は開成中学校の入試問題です。そこまで複雑な動きをしていない設定でも、取り違いや勘違いをしてしまう受験生は少なくないのです。

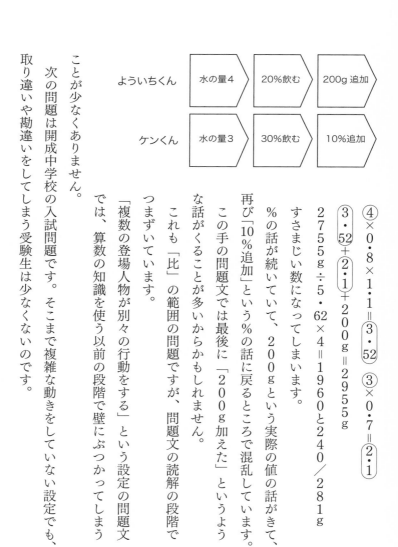

【問題】

ウサギとカメが競走をしました。

カメはスタート地点からゴール地点まで、毎分4mの速さで走り続けました。

ウサギはスタート地点をカメと同時に出発し、毎分60mの速さで走っていましたが、ゴール地点まで残り100mになったところで走るのをやめて、昼寝（ひるね）を始めました。昼寝を始めた60分後に目を覚ましたウサギは、カメに追い抜（ぬ）かれていることに気がつきました。あわてたウサギは、そこから毎分80mの速さでゴール地点まで走りましたが、ウサギがゴール地点に着いたのは、カメがゴール地点に着いた時刻の5秒後でした。

次の問いに答えなさい。

（1）ウサギが昼寝を始めてからカメがゴール地点に着くまでの時間は何分何秒ですか。

（2）ウサギが昼寝を始めたとき、ウサギはカメより何m先にいましたか。

（3）スタート地点からゴール地点までの道のりは何mですか。

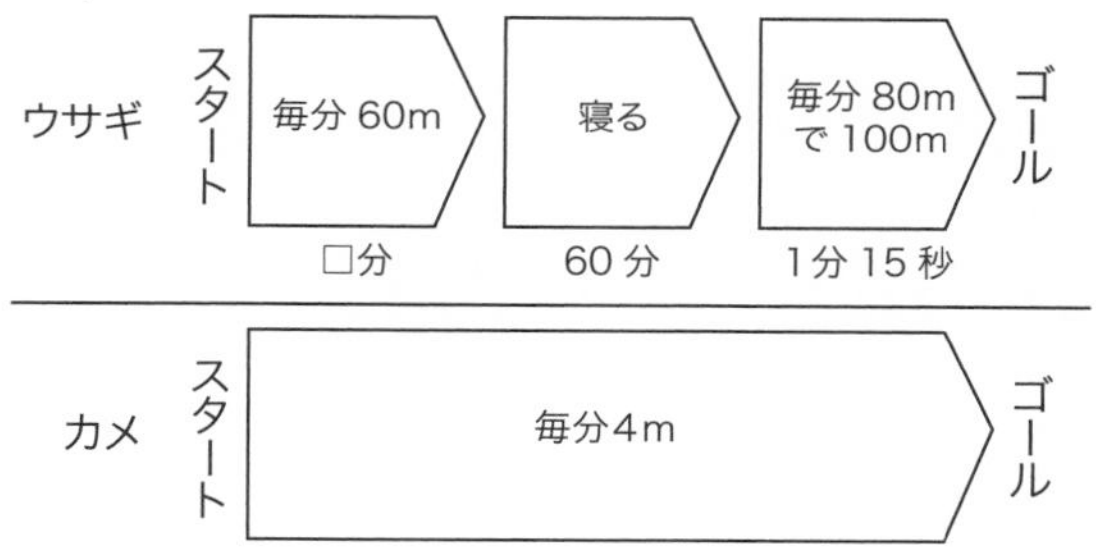

ウサギとカメの2匹が登場します。それぞれが、複雑な動きをしています。

お互いの動作に影響を与えるような条件はないので、単純にウサギとカメの動きに関する情報を混乱しないように読み取って、計算するだけです。

日本トップクラスの難易度の開成中の入試問題ですら、このように「日本語で書かれた文章を正確に把握する」という基本的な力を測定しようとしているのです。

これで、「人・時・場所」の変化を一目で把握できる！

適切な「時系列チャート」を描くための**ポイントは、「人・時・場所」の変化を反映させること**です。

先ほどの開成中の問題でしたら、「ウサギ」と「カメ」という**「登場人物（動物）」によって、分ける**ことになります。

そして、**「してから」「次に」という「時の変化を表す接続語（つなぎ言葉）」も目**

印です。「60分」や「起きてからゴールまで」という時間も同様です。

また、唯一の**「場所」**に関する情報である「ゴールから１００ｍ手前」も重要な変化のポイントです。これらを使って「時系列チャート」を描ければ「問題文で与えられた情報・ヒント」を正確に把握できたことになるでしょう。

多くの場合、その作業自体が問題解決のための大きな突破口だったりします。

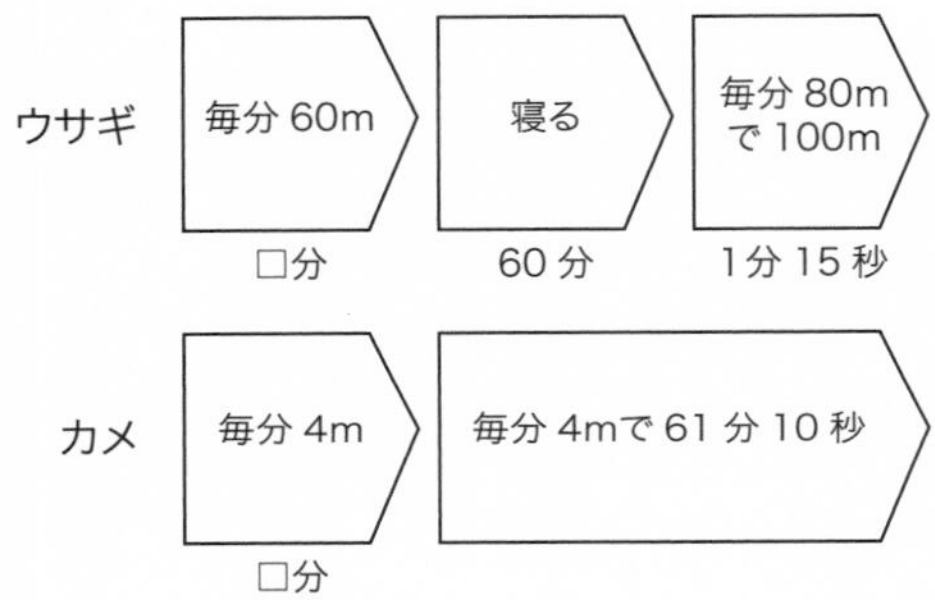

この情報を正確に読み取れると、小問を順に解答できます。さらにこれらの情報を反映させた「図式化」に進むことも可能です。
いきなりこのようなダイヤグラム（次ページ図）で、すべてを反映できる力を持っている子はごく少数です。普通はできません。
まずは文字情報を不足なく、そして取り違いなく把握することがスタートラインとなるのです。
「いちいち、こんなめんどうなことを……」と思わな

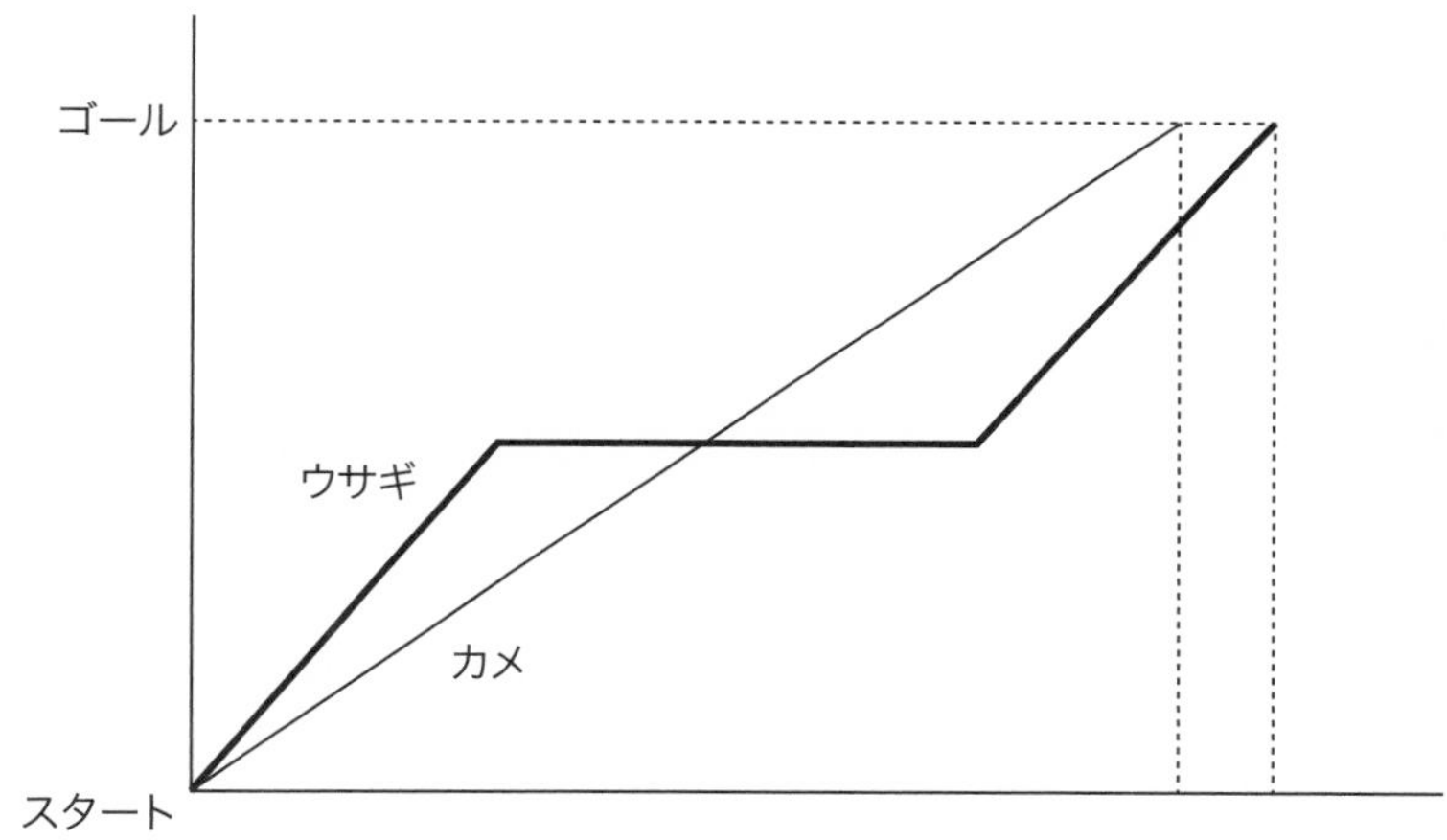

いでください。

読解力のある子は、この図式化が頭の中で瞬時にできてしまいますが、多くの子はそうではありません。

頭の中で混乱してしまうのであれば、まずはしっかりと書き出すことからスタートしていただきたいのです。

読解力のある子は、複雑な文章を読んだり、聞いたりして混乱してくると**「読み間違えの危険を察知」するので、すぐにこのようなチャートを使って全体像を過不足なく把握しようとします。**

読解力は一朝一夕で身につくものではありませんし、ひたすら読書をくり返しても身につくものではありません。

時系列チャートを使う問題を解くことで

身につくのです。スポーツでも芸術でも実戦だけでなく、分解練習が必要であり、それが有効なのと同じ考え方です。

計算の順番まで確認できる「時系列チャート」

ロジムでは、誤答の分析問題からスタートします。

【ワーク】

次の問題に対する、たかし君の答えの間違いを説明してください。

A君とB君がコンビニに行きました。2人は合わせて1200円持っていました。A君は150円のポテトチップを買いました。B君は400円のチョコレートを買いました。

すると、A君はB君より持っているお金が100円少なくなりました。2人はそれぞれいくら持っていましたか。

【たかし君の答え】

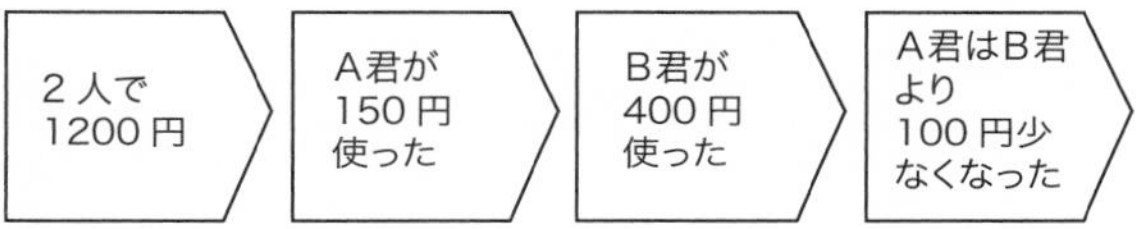
2人で
1200円
A君が
150円
使った
B君が
400円
使った
A君はB君
より
100円少
なくなった

A君はB君より100円少ないので、
（1200−100）÷2＝550円
B君は550円＋100円＝650円
よってA君は550円＋150円＝700円
B君は650円＋400円＝1050円持っていた。

時系列チャートは、読み取った情報をわかりやすく整理するだけでなく、計算していく上での手順の確認にも役立ちます。

つまり、

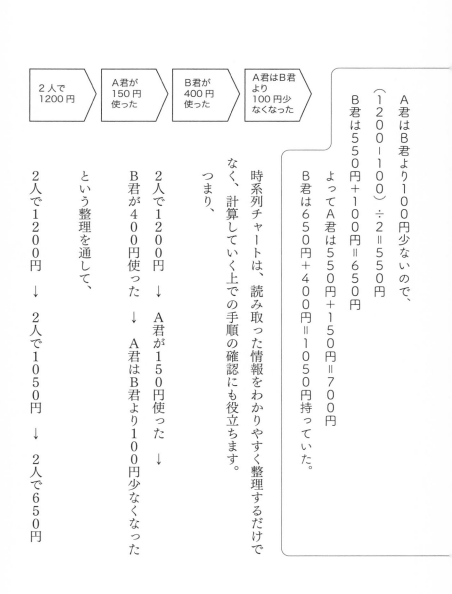

2人で1200円　↓　A君が150円使った　↓
B君が400円使った　↓　A君はB君より100円少なくなった

という整理を通して、

2人で1200円　↓　2人で1050円　↓　2人で650円

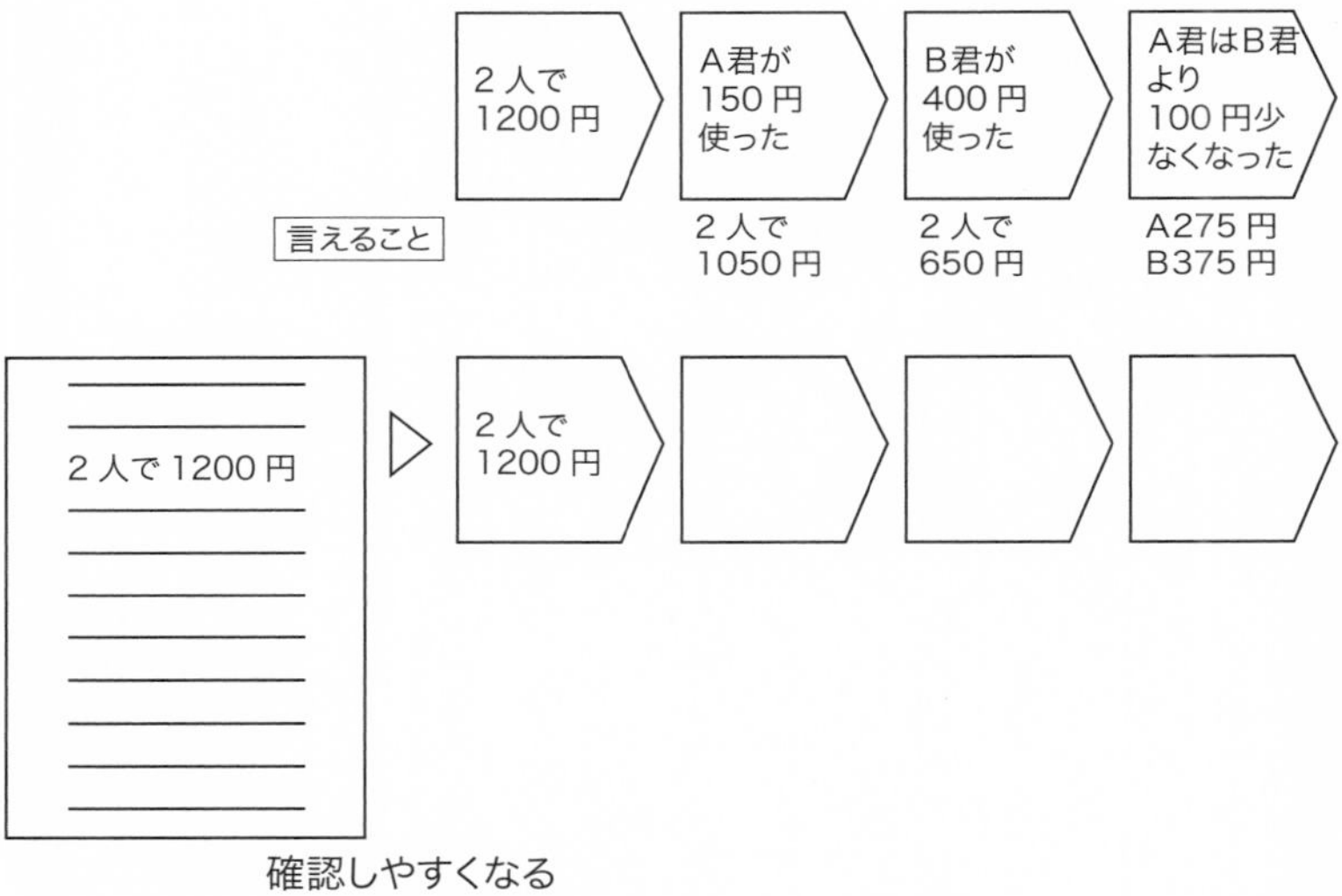

→A君２７５円　Ｂ君３７５円

という計算の手順もミスしなくなってくるのです。この問題と同じ間違いをする生徒は少なくありません。

また、答えの和が１２００円を超えているにもかかわらず、それに気づくことができていません。

情報が見やすく整理されていないので、最後に確認のための参照作業をするキッカケもつかめていないのです。

やりとりを見える化するから、いくつ主語があっても大丈夫！

ここで1問、「問題文のつまみ食い」をする生徒を確実にふるい落とすために出される問題をご紹介します。

【ワーク】
Ａさん、Ｂさん、Ｃさんの３人がいます。
Ａさんが自分の持っているお金の１／３をＢさんに渡し、次にＢさんが自分の持っているお金の１／３をＣさんに渡し、最後にＣさんがＡさんに持っているお金の１／３を渡したところ、３人は全員２４００円になりました。最初それぞれいくら持っていましたか？

これは有名な問題です。一読しただけだと、多くの小学生は「みんな1／3ずつ渡して、もらっただけだから最初から変わってないのでは？」と思ってしまうようです。

1／3の主語が毎回違うにもかかわらず、なんとなく「1／3」だけに着目してい

やりとり図

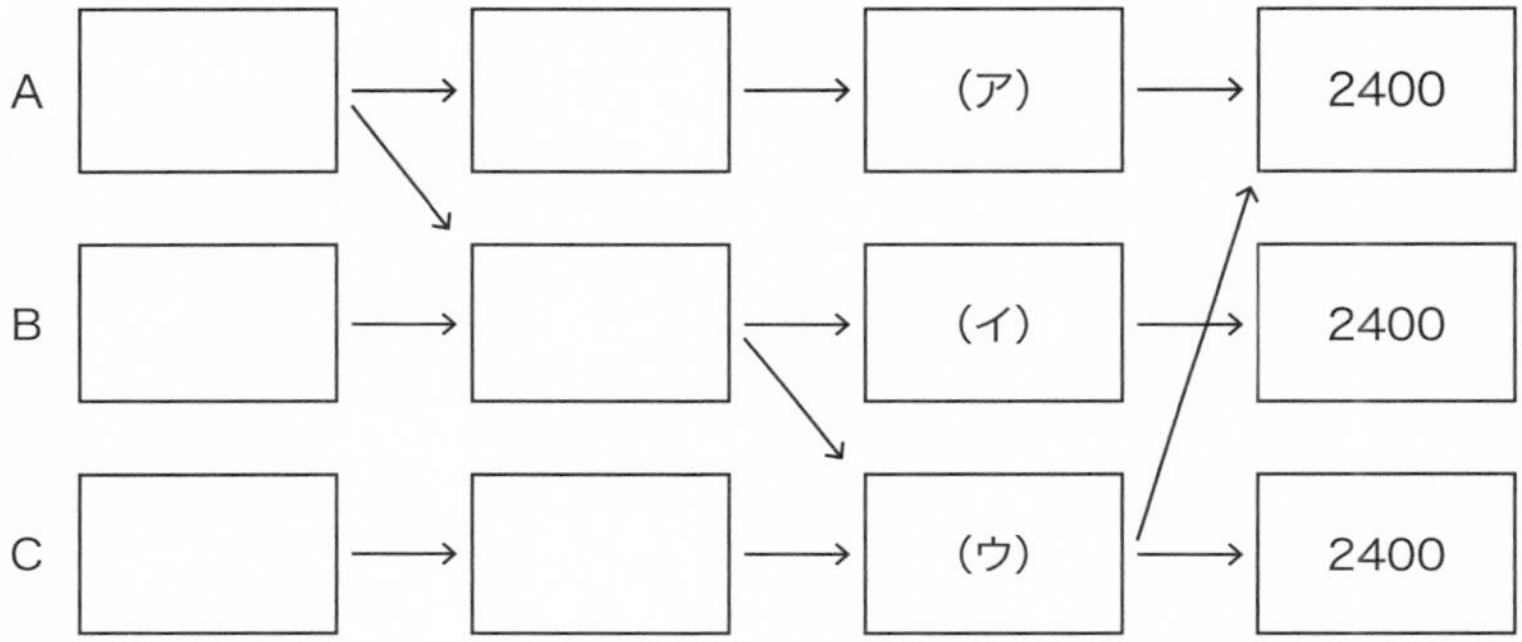

るのです。

これを、主語で分けた時系列チャートにしたものが**「やりとり図」**といった名前で呼ばれています（上の図）。

このように整理すると、「最後にCさんは1／3をAさんに渡して2400円残った」ので図の（ウ）の欄は3600円だとわかります。そして、Aさんは最後にCさんから1200円もらって2400円になったので（ア）は1200円ですね。

A、B、Cの登場人物ごとに分けて、**「時系列に沿って何が起きたのか・したのか」を整理するだけで、分数を習ったばかりの生徒でも解くことができる問題なのです。**

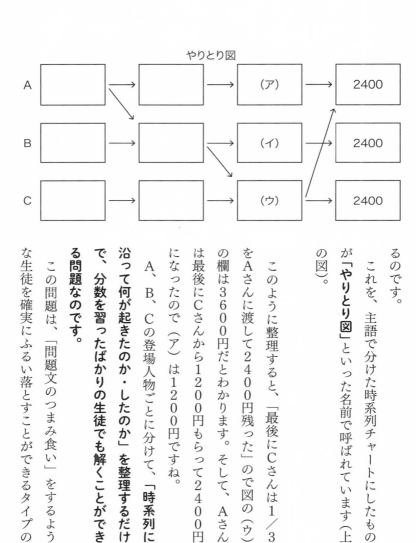

この問題は、「問題文のつまみ食い」をするような生徒を確実にふるい落とすことができるタイプの

問題として、昔も今も入試問題として機能しています。

すごろく感覚で「場合分けチャート」を使ってみよう

３種類のチャートの２つ目は、**「場合分けチャート」**です。

文章と文章に前後関係がありますが、場合によっては、進む先が違ってくる「すごろく」のような内容の文章で使います。

内閣不信任案とは、憲法69条に規定されている「内閣不信任決議案」のことで、衆議院だけの権限です。

「国会は現在の内閣に政権運営を任せられないから退陣しなさい」という意思を示すことで、本会議に出席した議員の過半数が賛成すると可決されます。

否決されれば内閣はそのままで、可決されたら内閣は10日以内に衆議院を解散するか、総辞職しなければなりません。

社会の教科書にあるこの説明について、

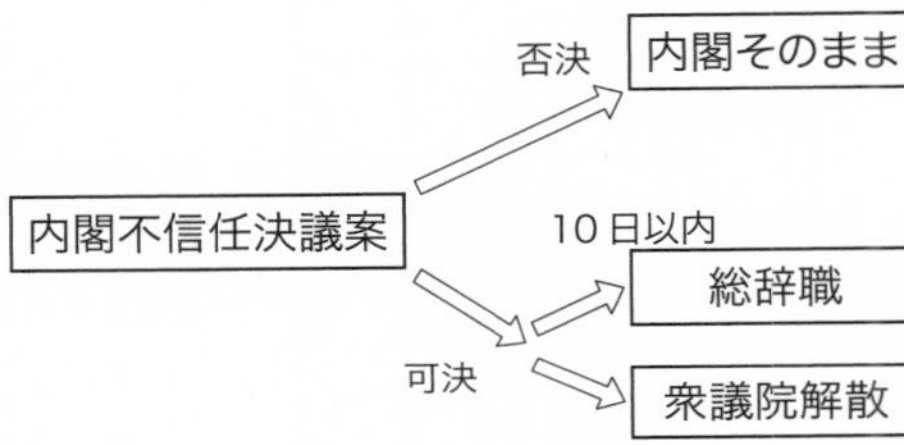

上の図のように、条件によって分岐する流れを表現したチャートを、教室では、「枝分かれの図」などと呼んだりしています。**枝分かれが「漏れなく・ダブりなく」書き出されているもの**です。

「不信任決議案が可決されたら衆議院は解散」という文章に接したとき、「それは常に正しい？　条件はないの？」と考えれば、「可決されて、内閣が総辞職しないとき」という条件にたどり着くことができます。

問題文を読みながら、チャート図を描ければ、「不信任決議案が可決されたら衆議院は解散」と**決めつけることができないと気づける**のです。

このような、枝分かれの条件と行き着く先を正確に読み取らなくてはいけない文章は、私生活においても頻繁（ひんぱん）に遭遇（そうぐう）するものです。

100㎖を超える液体は国際線の機内に持ち込めません。スーツケースに入れて預

国際線の液体物持ち込みルール

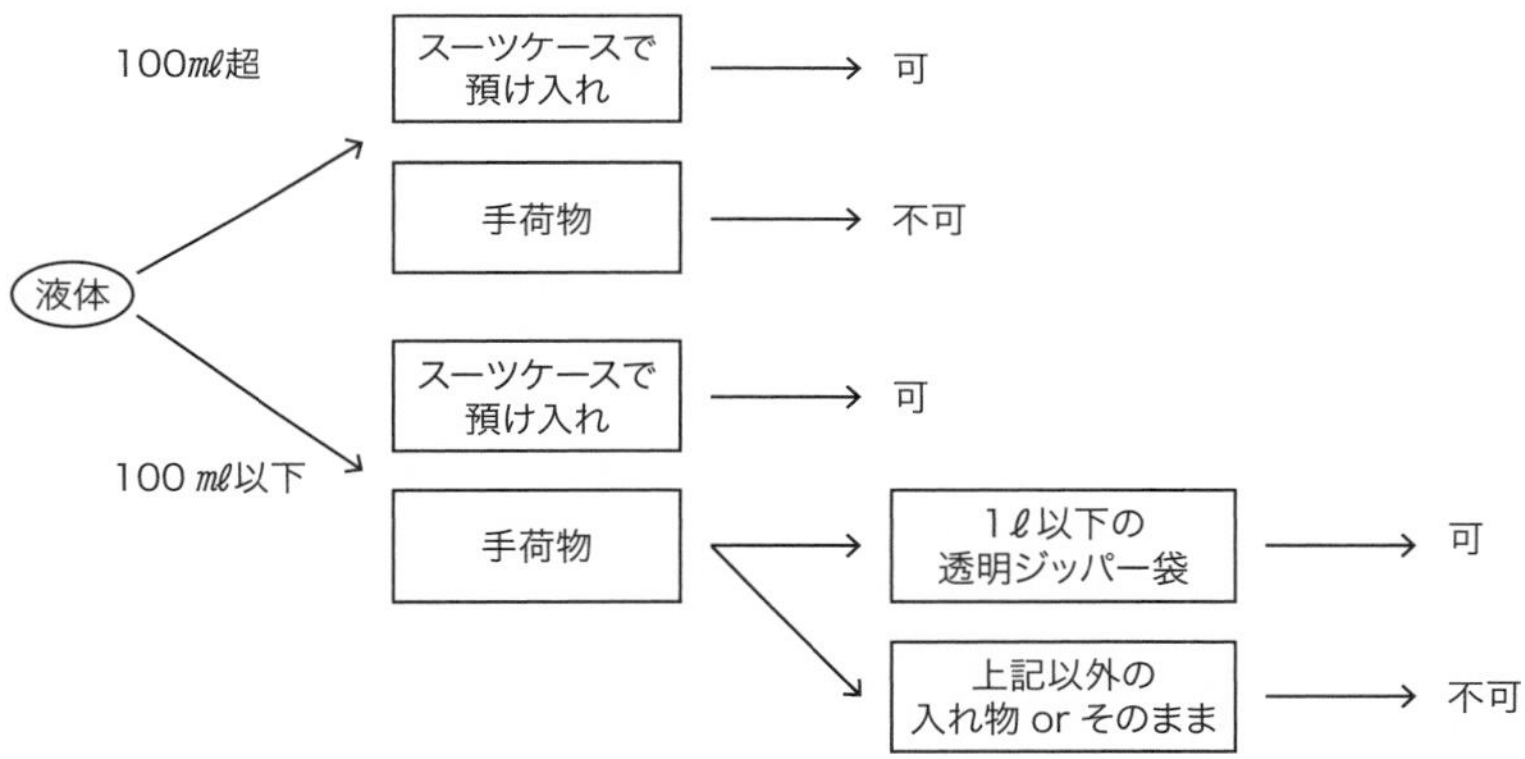

けてください。100㎖以下の液体は、容量1ℓ以下のジッパーの付いた再封可能な透明プラスチック製袋に入れてあれば、機内に持ち込み可能です。

上の図のようなチャートで「条件の枝分かれ」を読解できれば問題ありません。

残念ながら、きちんと読まずに、

「100㎖を超えるものを透明のジッパー袋に入れて持ち込もうとする」

「100㎖を超えるものをスーツケースに入れて、手荷物として持ち込もうとする」

「100㎖以下の液体を化粧ポーチに入れて、手荷物として持ち込もうとする」

などと読み取ってしまう事態が多発しているのです。

このチャートのポイントは「○○は△△だ」という文章を読んだときに、**「それは常に成り立つのか？　それとも条件付きか？」という視点で、周りの情報をたどっていくこと**です。

「ジッパー袋に入れて持ち込める」に対して「常に？　それとも？」という問いを立てながら情報を、検索しなければなりません。

このタイプの読解力が必要となる入試問題も増えてきています。栄光学園中学校の入試問題をご紹介します。

【問題】

図1のようなすごろくと、1、2、3、4のいずれかの目が出るルーレットがあります。

スタートにあるコマを、以下のルールで、ゴールにぴったり止まるまで動かします。

●ルーレットを回して出た目の数だけ右に動かします。

●ゴールにぴったり止まれない場合は、ゴールで折り返して、余った分だけ左に

図１

図２

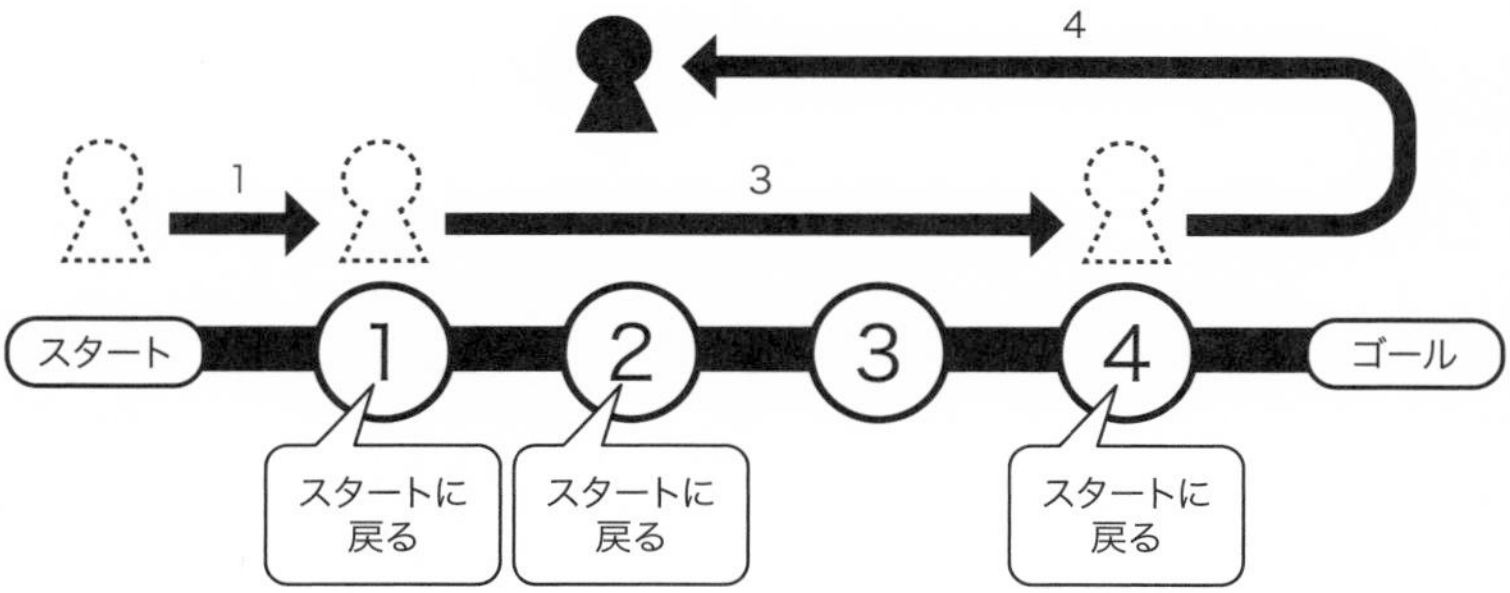

動かします。

●折り返した後も、次にルーレットを回したとき、まずは右に動かします。

●一度止まった①～④のマスは「スタートに戻る」マスになり、次以降にそのマスに止まった場合は、コマをスタートに戻します。

例えば、ルーレットの目が1、3、4の順に出たとき、コマは①マス、④マスの順に止まった後、ゴールで折り返して②マスに止まります（図２）。

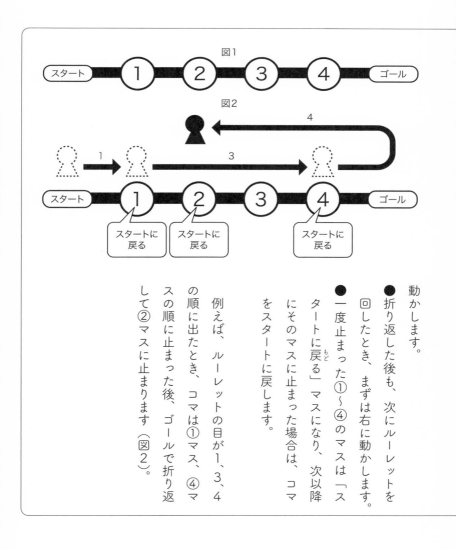

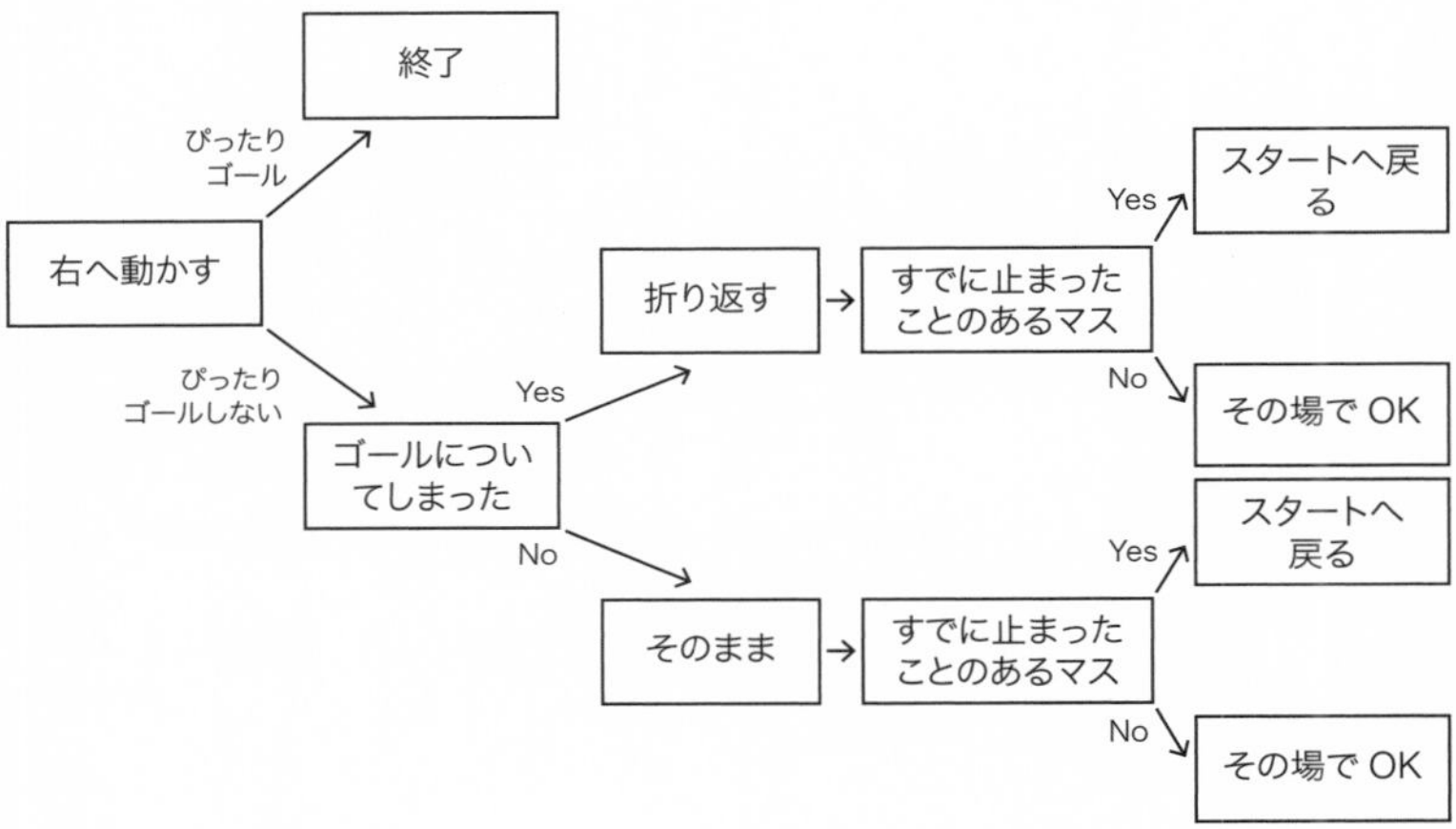

まさに「すごろく」そのものです。「条件に従って作業（ゲーム）をする」という問題です。

「問題文には直接書かれていない規則性を発見する」というのが最終的な目標ではあります。

しかし、最近では「問題文の通りに作業ができる」というだけで正解可能なものが増えています。そして、そのような問題でも、解ける子と解けない子の差がきちんとついています。

難関と言われる学校でも出題されていますので、「文章で書かれた条件を見落とさずに読む」ことが簡単ではない、ということがわかります。

大人からすると「書いてある通りにやる

だけじゃん！」と思いがちですが、慣れていないと悪気なく雑に読んで、理解した気になって作業に気を取られてしまいます。

低学年の場合は、まずは「区別」が1つだけの簡単な構造の文章を使ってトレーニングしてあげてください。

雨の日には私は帽子を被(かぶ)り、晴れの日には私はサンバイザーをつける。

「○○のときは」「○○の場合は」という表現をキーワードにして、枝分かれではなく、表にしながら読み取ることを目指していけば十分です。

先に学んだ、てんとう虫チャートの上の部分に注目して、わかりやすく表現してもいいでしょう。

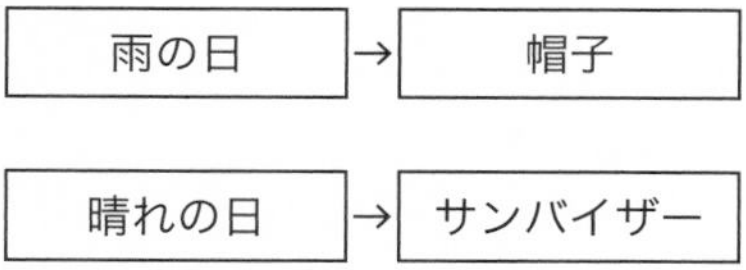

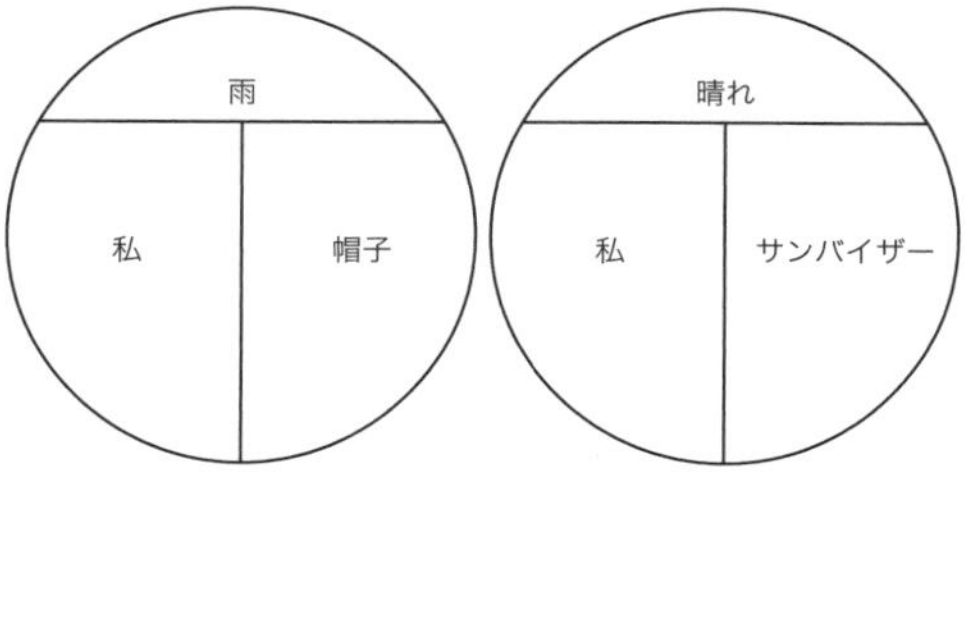

枝分かれチャートは、このような区別の組み合わせのくり返しです。「枝分かれ」が含まれていて、ステップが多い文章の場合に使えるようにしてあげてください。

では、ロジムの教室でのワークをご紹介しましょう。

【ワーク】

よういちくんとたかしくんがいっしょに家を出て、学校に向かいます。たかしくんが先に学校についたら、すぐに折り返してよういちくんをむかえにいきます。よういちくんが先に学校に着いたら、たかしくんが学校に着くまで学校で待っています。

Q　次の（ア）（イ）（ウ）の間違いを教えてください。

（ア）

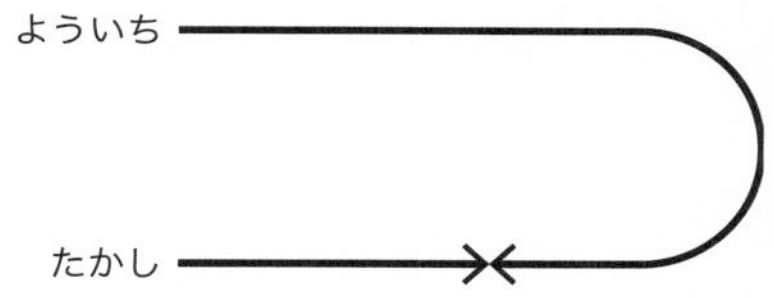

（イ）

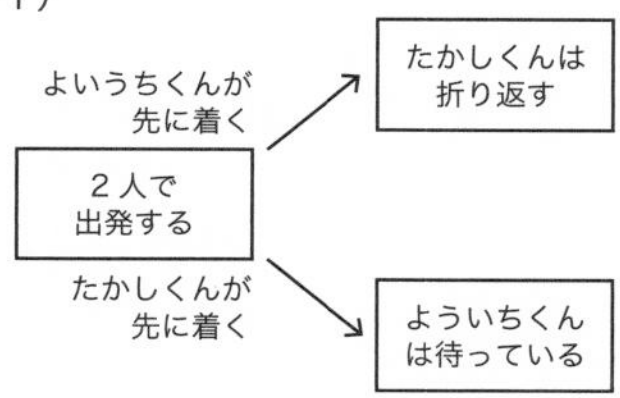

（ウ）

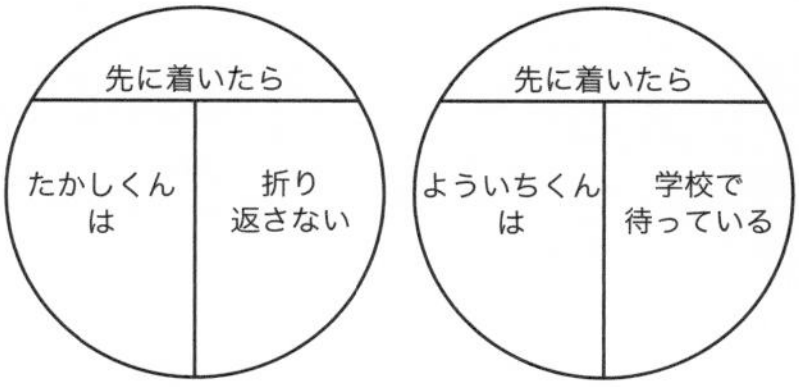

（ア）は2人の名前が逆で、（イ）は「先に着く」の条件の人名が違います。
（ウ）は、正しくは「たかしくんは折り返す」です。

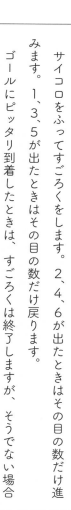

【ワーク】

サイコロをふってすごろくをします。２、４、６が出たときはその目の数だけ進みます。１、３、５が出たときはその目の数だけ戻ります。

ゴールにピッタリ到着したときは、すごろくは終了しますが、そうでない場合はゴールのマスに入った後に折り返します。

Q　次の選択肢の間違いを教えてください

（ア）ゴール2つ手前で4が出たからゴールだ！

（イ）ゴール1つ手前で1が出たからゴールだ！

（ウ）ゴール1つ手前で6が出てしまったので左に6つ戻らなければいけない！

【解答】（次ページ、上の図参照）

（ア）ぴったりではないとゴールはできないので、ゴールから折り返して2つ戻ることになる。

（イ）1、3、5は左に戻るのでゴールとは逆の方向に1つ動くことになる。

（ウ）ゴールに一度入ってから折り返すので、ゴールから5つ左に戻ることになる。

【ワーク】

水溶液を青色リトマス紙につけ、赤色に変わると、酸性といいます。赤色リトマス紙を青色に変える水溶液を、アルカリ性といいます。どちらの

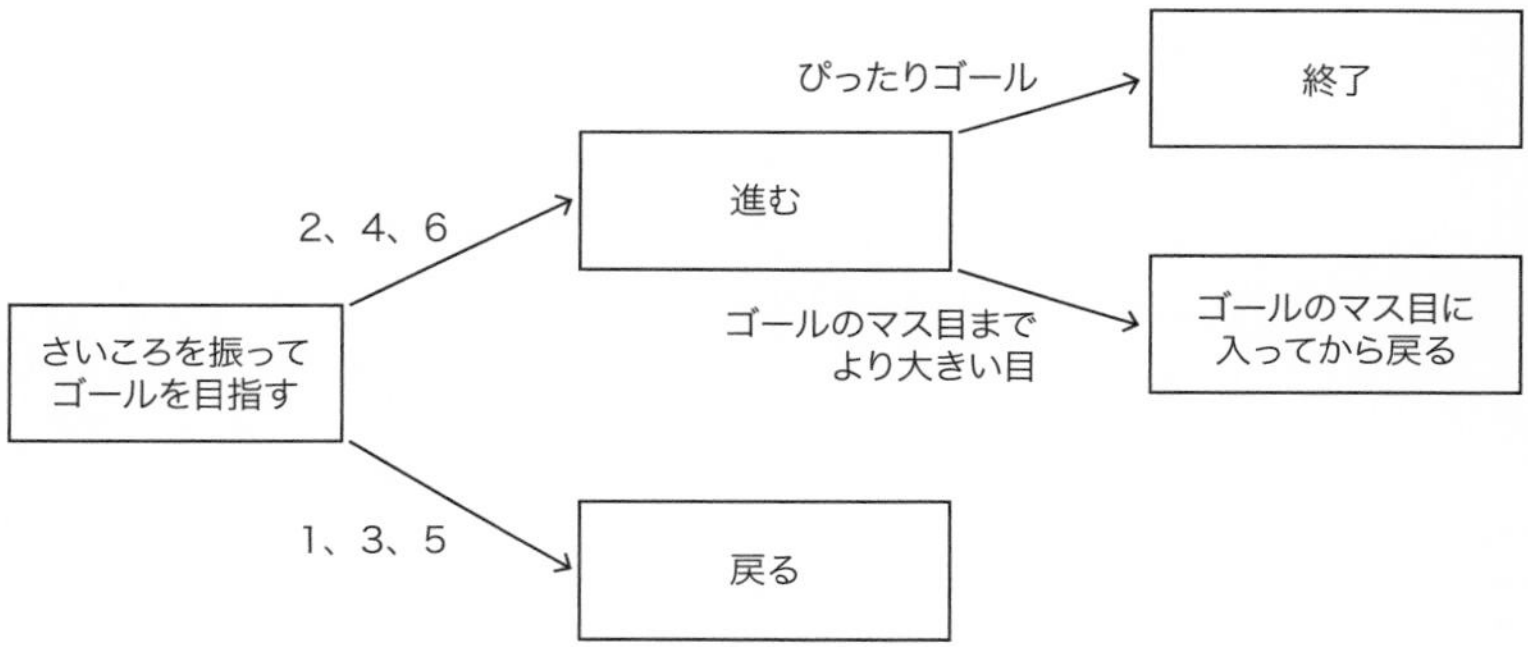

リトマス紙も色が変わらない場合、中性といいます。

Q　次の選択肢の間違いを説明してください。

（ア）赤色リトマス紙が青色に変わったら酸性だ。

（イ）青色リトマス紙が赤色に変わったら中性だ。

（ウ）赤色リトマス紙の色が変わらなかったので酸性だ。

次ページの図は、問題の解説を4年生の生徒が描いてくれたもので、彼女の説明は次のようなものでした。

「リトマス紙には赤と青の2種類あります。覚える色の変化は3種類です。『青が赤に変わる』、『赤が青に変わる』、『両方とも変化しない』の3つです。両方とも色が変わることはありません。

『赤が変わらないとき』というのは、この図のどこにも書いてありませんね。『赤が変わらない』は『青も変わらない』場合と『青は赤になった』の場合がありますので、これだけではわかりません。3種類に入っていないのに、似てるからって勝手に考えてしまった人は、最初に図を描けば自分が違うことをしてるって気づけますよ」

少し強気な説明で微笑ましいですが、最後のセリフに大切なことが詰まっています。図にすることで、区別する基準を明確に理解することができるだけでなく、参照して確認しやすくなる利点があるのです。

くり返しになりますが、正確な読解の一番の敵は「自分は読めている」という思い込みであり、思い上がりです。

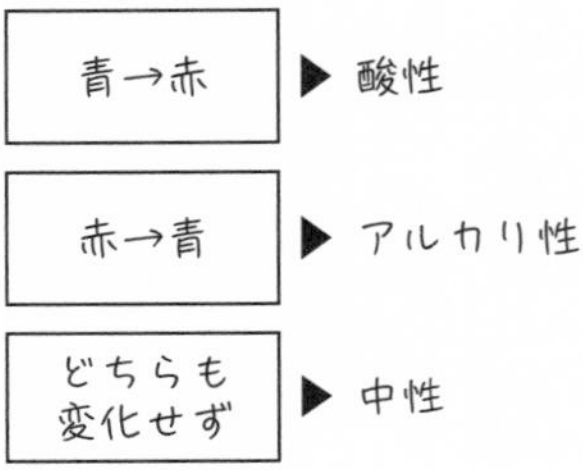

「図を描くと間違いが減るよ」という声がけはあまり効果的ではありません。

子供達は、「図を描くこと」そのものを問題にしたり、「図を描かないことで間違えている例を正す立場に置く」という仕掛けによって初めて、「図を描くこと」が読解に役立つことを理解できるのです。

「原因は2つ」がポイント！「原因チャート」

3種類のチャートの3つ目は、**「原因チャート」（左上の図）**です。

少し応用的な技ですが、問題を解く上では非常に実践的なので、ぜひ使いこなしてほしいものです。

このチャートは、名前の通り**「原因」と「結果」を読解するためのもの**です。

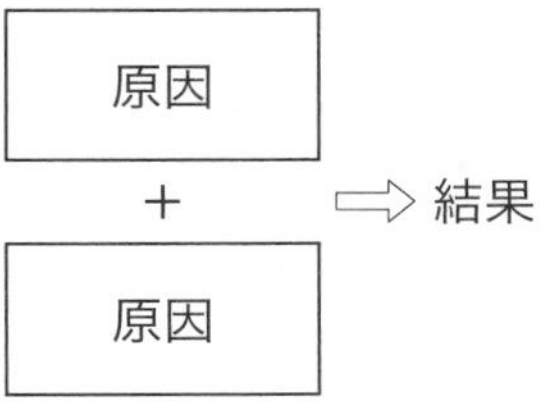

「原因チャート」の**ポイントは、「原因」の部分が最初から2つになっている点**です。

これは、一読して原因が一つしか書かれていないように見えても、**「もう一つの原因」を読み取る習慣をつけるため**です。

「習うより慣れろ」ということで、例題で原因チャートの使い方を確認していきましょう。文章を改変していますが、慶應義塾普通部の問題（国語／平成18年）の改題です。見てみてください。

【問題】

私が彼に伝えたメッセージを聞いて、周りの人たちはなごやかな笑い声をあげた。

周りの人たちがなごやかな笑い声をあげたのはなぜですか？


この部分だけ読んで、**「私のメッセージを聞いた」から「笑い声をあげた」と判断してしまう生徒は少なくありません。**

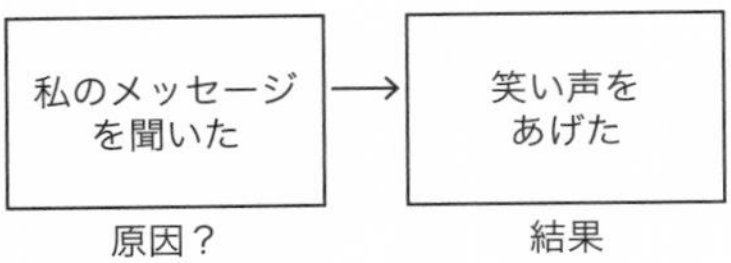
私のメッセージを聞いた
原因？
笑い声をあげた
結果

しかし、出題者の意図は違います。「なぜ、メッセージを聞いたときの笑いが〝なごやか〟だったのか？」が問われているのです。

ロジムでは、この構造を「原因チャート」の「原因」の部分を2つにすることで、読解問題で問われることの多い「前提」や「付加情報」を読み取る指針としています。

つまり、**「理由が足りない」「普通はそうならない」「そうならない場合もある」と考えるようにガイドする**のです。

国語の授業では、少し抽象的に「7、8割の人が納得できるような理由付けをしましょう」というような指導が行なわれますが、その他の科目では明確に示されている条件／理由を読み取ることが必要です。

ある文章・命題を読んだときに、「それは常に成り立つのか？」と探りを入れて、「もう1つのボックス」を埋める要素を検索させる仕掛けになっています。

正確には、原因ではなく「前提」だったり「ルール」だったりするのですが、小学生ですから「原因」とまとめても問題はないでしょう。

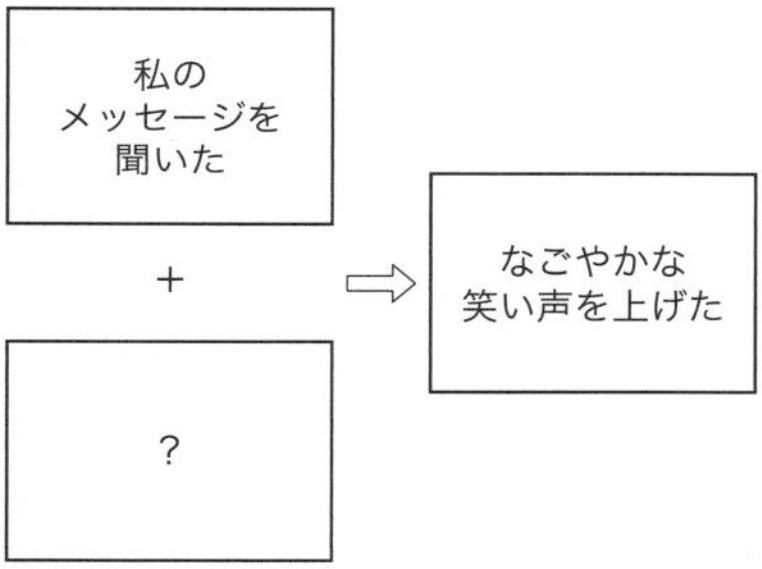
私の
メッセージを
聞いた
+
?
なごやかな
笑い声を上げた

この問題では、「私のメッセージを聞いた」だけでは、〝なごやかな〟笑い声をあげる理由として足りないなと考えます。

そうすることで、「どんなメッセージを聞いたら、なごやかな笑い声をあげる？」「メッセージを聞かせる前に何か前提があった？」という視点で「深掘り」して読解することができます。

実際の出題では、このメッセージの内容が「子供っぽく無邪気で微笑ましいものだった」という情報まで読み取って答える必要がありました。

原因／理由は、「〇〇だから」「なぜなら〇〇」「〇〇して△△となった」といった文の形から読み取り、抜き出すように指導されることが多いのです。

しかし、**実際にはこれだけでは足りません。**

正確に考えると、**前提条件や詳細な説明があって初めて文章が成り立っていることが多く、その点を読み取ることを求められるのです。**

たとえば、小学生の理科の教科書の読み取りで、

「酸素と二酸化炭素をたくさん交換できるから、肺には肺胞という小さな袋がある」

と答えてしまう生徒は少なくありません。

しかし、原因チャートで考えることによって、「袋があると、たくさん交換で

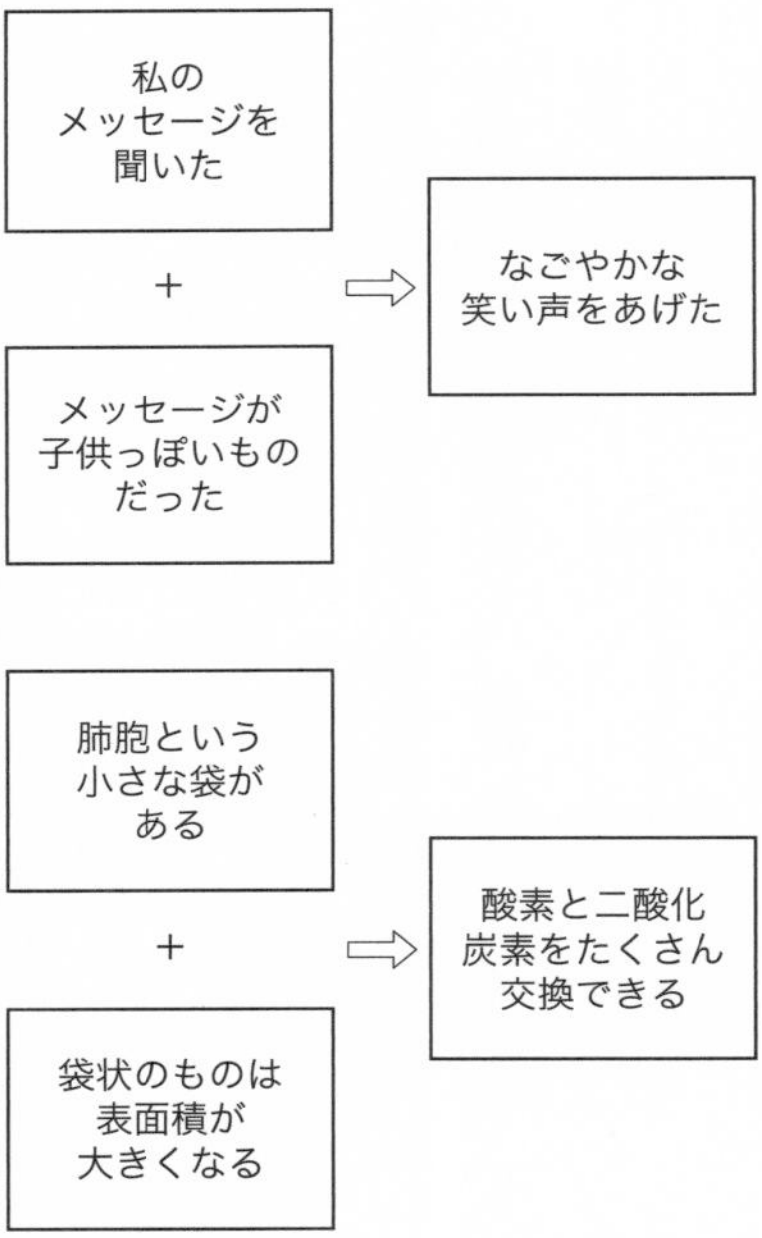

私の
メッセージを
聞いた
＋
メッセージが
子供っぽいもの
だった
なごやかな
笑い声をあげた
肺胞という
小さな袋が
ある
＋
袋状のものは
表面積が
大きくなる
酸素と二酸化
炭素をたくさん
交換できる

きるのは普通か？」「理由として十分か？」と確認することができます。
それにより、チャートを埋めるために「袋の形になっていると、表面積が増えて、交換するのに使える場所が広くなる」という説明を読み取ることができ、深い理解につながります。

次は算数を題材にしてみましょう。ロジムの誤答説明問題からの抜粋です。

【ワーク】

ケンくんはお小遣いの2／3でアメを買いました。よしこさんはお小遣いの3／4でチョコを買いました。アメとチョコとではどちらが高いですか？

この問題をたかしくんは次のように解きました。

「分数の大きさを比べるときは、分母をそろえる「通分」をしてから、分子をくらべます。2／3＝8／12、3／4＝9／12なので8／12と9／12を比べます。9／12のほうが分子が大きいので9／12のほうが大きいです。だから、チョコのほうが高いです」

たかしくんは間違っています。どこを間違っているのか説明してあげてください。

算数では、さまざまな解法を学びます。最初のうちは、あまり問題はないのですがだんだんと与えられる状況が複雑になってくると、「この解法はどのような場合に使えるのか？」を自分で判断する必要が出てきます。

この問題のたかしくんの誤答も同様です。

分数の大小を比較するために習った「通分」ですが、分数そのものではなく「〇〇の３／４」のような割合の分野で学ぶ分数の大小比較では、「元の量」を考える必要があります。

ロジムの生徒の解答例は、

「３／４とお小遣いの３／４はちがいますよ。３／４は1を４つに分けたうちの３つで、お小遣いの３／４はお小遣いを４つに分けたうちの３つです。だから、ケンくんのお小遣いとよしこさんのお小遣いがいくらかを調べてから、計算してください」というものでした。算数の解法は、特別な状況に限って使うことができるものが多いので、勉強が進んでくると、いつの間にか混乱してきてしまいます。

解法を覚えるだけでなく、「どのような状況で使えるのか？」を理解すること。

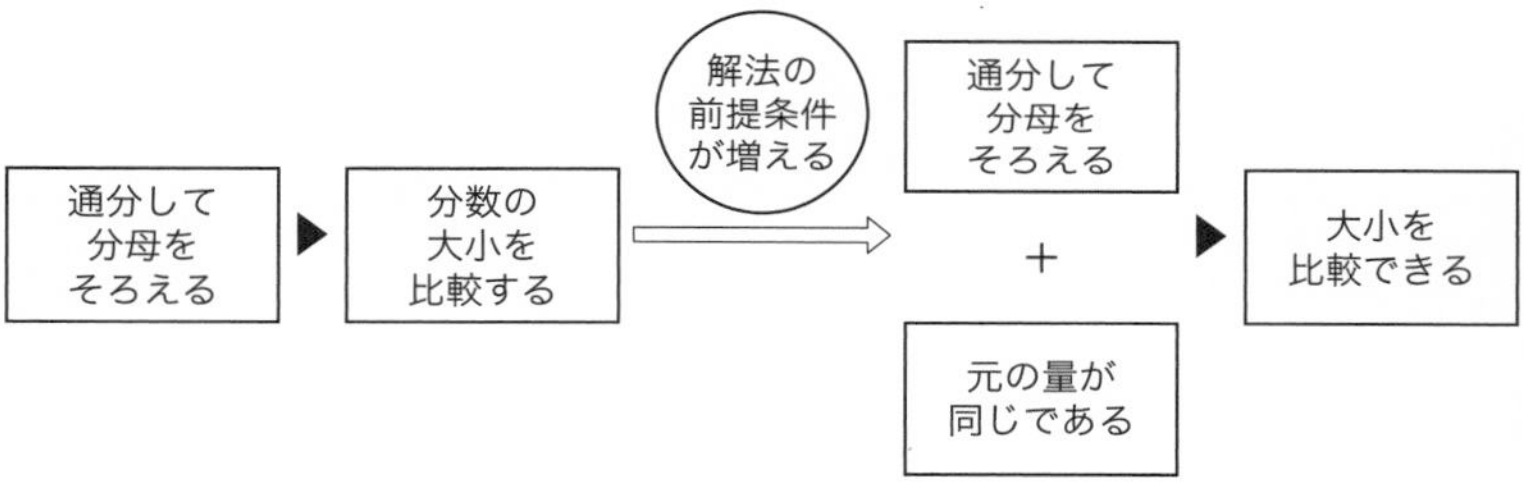

つまり、原因チャートの2つのボックスに「状況」と「解法」をそろえながらテキストを読んで、理解する必要があります。

「めんどくさい」との戦いに勝てる子に育てる

本章で紹介した「図式化」は、「自分は読める」と思っている子にとっては、とてもめんどうだと感じる作業です。なんせ「すでに読めている」のですから当然の反応でしょう。

しかし、大多数の子供達は「すでに読めていない」のです。まずは、無理やりにでも図式化すること自体を目的とした練習からスタートしてほしいと思います。

「この文章はなんか読みにくいぞ」と感じたときに、「図を使おう」と意識できることを目指しましょう。

多くの子は読めていなくても、文章のつまみ食いや勝手な改変で無意識にやりすごしてしまいますので、「読みにくい」と感じるだけでも大きな進歩です。

「文章」の形で情報を提供されて、頭の中で受け止めて、その内容を覚えたまま、別の作業をするというのは簡単ではありません。

得意不得意もありますし、得意だと思っている人も、与えられた文章の難易度や内容によって一気に読解力が下がってしまいます。

考えられないような、「読み間違い」をしてしまうものです。

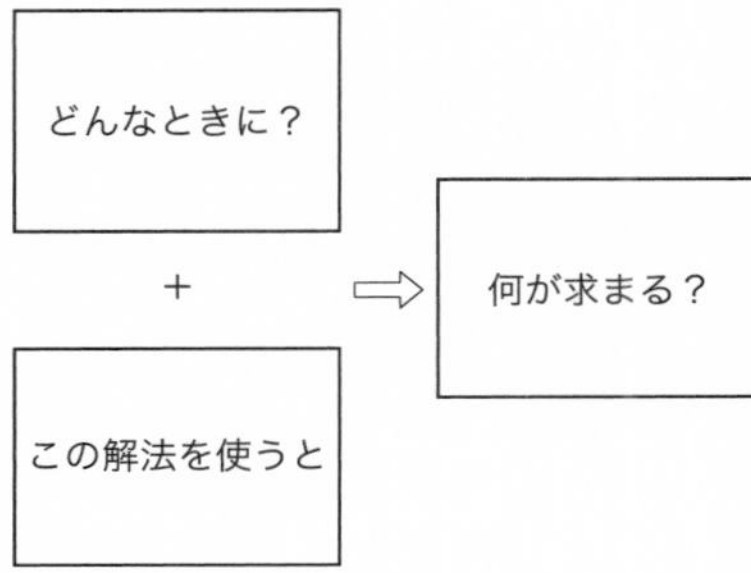

そんなときに「慎重に読み直してみよう」と言っても、無意識に「めんどくさい」と考えてしまったり、別の作業にとらわれて、読む重要度が下がってしまうのです。

たとえば、大学入試の数学では、図形の問題では図自体は問題用紙に描かれていないことがほとんどです。

一生懸命計算しているのだけど、そもそも問題文で提示されたものとは異なる図形をイメージしていたというミスは少なくありません。算数・数学の図形問題は読み飛ばしが発生しやすいものです。

図や、思い出さなくてはいけない公式など、**処理情報と作業が多くなるので本文自体を無意識に軽視しがちになる**のです。

「そもそも求めている場所が違った」「問題文の条件を読み飛ばしていたので解けるわけがなかった」というミスは、図形問題の間違いの原因として驚くほど多いものです。高学年はもちろん、中高生でもよくある話です。

「行き詰まったら、問題文に使い忘れているヒントがある場合が多いから読み直そう」というアドバイスを、私は入試直前にいつもしています。

「自分のやっている作業が、読み取ったルールに合っているのだろうか？」と確認するのはめんどうなので、「合っているはずだ」と思い込んで、問題への取り組みを進めてしまうものなのです。

3章、4章で紹介した練習を通して、良い意味での「読解への警戒心」が生まれてくることが目標です。

ロジムの読解の授業では、子供達は、時間制限ギリギリまで「何か読み落としや取り違いはないか？」という視点で内容を整理しながらチェックします。ここまでくれば、「大きく損をするような読み間違い」はかなり減ってきます。

複雑な文章を読み取るための3つの図

①時系列チャート

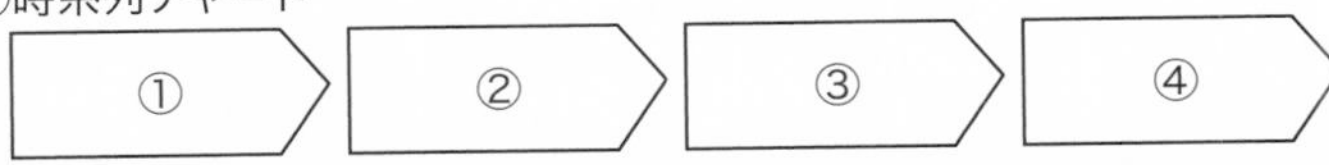

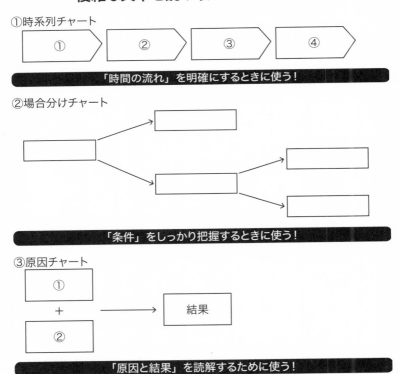

「時間の流れ」を明確にするときに使う！

②場合分けチャート

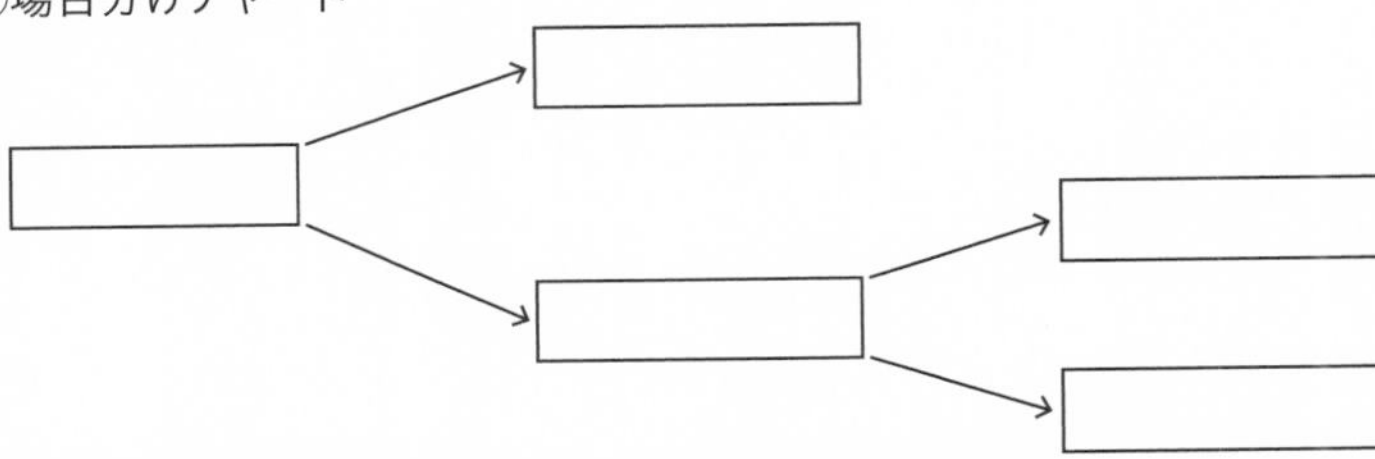

「条件」をしっかり把握するときに使う！

③原因チャート

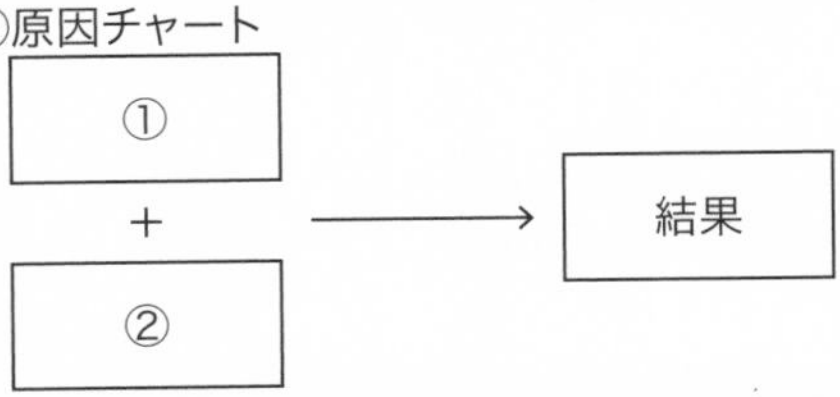

「原因と結果」を読解するために使う！

チャートにすると、情報把握がうまくいき、見落としがなくなる！

第 5 章

「書いていないこと」まで読み取らなければ正解できない！

～【読解力の分解トレーニング③】
言い換えで読み取る～

入試では「書いていないこと」まで読み取ることが求められる！

ここまでは「書いてあることを書いてある通りに」読み取ることを練習してきましたが、ここからは**「書いていないこと」を読み取る練習**についてです。難しく思われるかもしれませんが、心配いりません。まずは、簡単な文章の例でご紹介します。

「トマトが8個、みかんが10個あります」

文章には直接は書かれていませんが、「言い換える」ことによって、

(ア) みかんはトマトより2個多い
(イ) トマトはみかんより2個少ない
(ウ) みかんの個数はトマトの４分の５倍だ

といったことを読み取ることができます。

このように「言い換え」を使って読み取ることができると、問題解決のために与えられた情報を使いやすくなります。

また、国語の選択肢を選ぶタイプの問題ですと、「どの選択肢も本文に書かれていない、見当たらない！」となるときがあります。

そういうとき、実は選択肢が「本文の言い換え」になっているということがあります。

次の問題を見てみましょう。

【問題】

生きる力を育てる、ということは、知識の吸収のように目に見えたり測定することが難しい。従って、せっかちな親からは評価されない。

『悪のしくみ』（松田哲夫 編／あすなろ書房）収録

「生きる力を育てる」（河合隼雄）より

Q　傍線部の理由として適切なものを選べ。

（ア）生きる力を育む教育の成果は、効果が出るまでに時間がかかるから。

（イ）生きる力を育む教育の成果は、テストの点数などに現れないから。

「従って」とあるので、その前の文章が理由であることは明らかなのですが、選択肢を見ても、その文章がそのまま書いてあるものがないので戸惑ってしまうのです。

この問題では、「該当箇所を見つけた上で、言い換える」読解力が求められています。

本文の「目に見えたり、測定することが難しい」というのは、「テストの点数などに現れない」と言い換えることができます。「該当箇所の言い換え」という視点がないと、「せっかち」という傍線部からの短絡的な発想で（ア）の「時間がかかる」に意識が引っ張られてしまうことでしょう。

次の例題では、もう一段レベルアップします。

【問題】

200ページの本を毎日13ページずつ読むと、読み終わるのに何日かかりますか。

この問題では、「読み終わる」という言葉から、

「最後に13ページ未満のページが残ったら、そのページを読むためにさらに1日かける」

というルールを読み取らなくてはいけません。

それができていないと、「２００÷13＝15あまり５」という計算結果から、余った５ページを読むために１日を加えて、15＋１＝16日という計算に思い至りません。

これは、**「スキーマ」（暗黙の前提知識・枠組み）とも呼ばれている**ものです。

このように、発信者が「わざわざ書かない」「わざわざ言わない」ことについて、推論を働かせて読み取れないと、正確に文章を理解できないことがあります。ビジネス用語では、**「隠れた前提」**などとも呼ばれています。

この章では「言い換え」、次の章では「隠れた前提の読み取り」という２ステップで**「書いていないことを読み取る」**をテーマにご説明します。

いずれも読解力のない子供達は、「そんなことは書いていない！」と言い訳して、すませてしまっているものです。

応用的な読解の技なので、より難しい文章を読んだり、問題を解くときに重宝する技です。

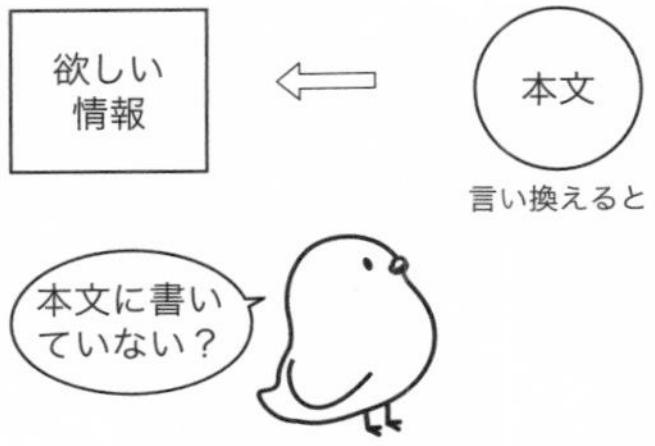

「言い換えてみよう」「隠れた情報を探してみよう」という姿勢が身につくだけでも大きな前進になります。

応用テクニックなので、お子さんが最初のうちはうまくできなくてもガッカリしないでください。

解説を伝えて「なるほど」と思うことができれば十分です。

それでは、進めていきましょう。

「国語の言い換え」問題を知る——抽象・具体を行ったり来たり

「言い換え」と聞くと、まずは国語の問題が思い浮かびますよね。たとえば、次のようなものが「言い換え」の問題です。

問題：傍線部はどのようなことか、適した選択肢を選べ。
問題：傍線部とはどういうことか、40字以内で書け。

選択肢にせよ、記述問題にせよ、このように「言い換え」をさせることで、傍線部の文章・内容を読み取れているかどうかを見抜こうとしています。

「読み取れている」とは、そこに込められた意図・意味を把握できていることであり、それができていれば、同じ意味・意図を持った別の言葉で文章を再構築できるはずだと考えられているのです。


この「言い換え」の**ポイントは「具体と抽象」**です。

具体的：（長くなってもいいから）身近でわかりやすい出来事に書き換えろ
抽象的：できる限り多くの個人・個別の出来事を含むような言葉で書き換えろ

この2つの「言い換え」です。

たとえば、具体的に言い換えるとは、

「犬も歩けば棒に当たる」とはどういうことですか？　と問われたときに、

「『犬』や『棒に当たる』などではなく、もっと身近でわかりやすい出来事を使って言い換える」

というものであり、抽象的に言い換えるとは、
僕は毎日早起きをして学校に一番に到着して読書をするようにしている。それを1

年続けたら、知っている言葉が少し増えたような気がする。

というのを、

「『僕』ではなく『人』、『学校に一番に到着して』を『学校に関係のない人にもわかるように』、『知っている言葉が増えた』を『言葉の話以外も含むように』して短く言い換える」

というものです。

「要約しろ」とほぼ同じ意味ですね。

また、これらには「似ていてわかりやすい言葉に変換しろ」というような指示も含まれます。選択肢の問題でよく使われるものです。

例題にチャレンジしてみましょう。中学入試で出題の多い短編からの抜粋です。

たかだか十五歳で、自分の人生を諦めた様子の弘晃の姿が、路男には胸に応える

高田郁「ムシャシナイ」より（『ふるさと銀河線 軌道春秋』〈双葉社〉に収録）

「この文章はどういうことか？」と問われたとき、記述にしても、選択肢にしても文の構成要素をそれぞれ適切に言い換えることを考えます。

・「たかだか十五歳で」を「まだ幼いのに」「まだ先が長いのに」「未来があるのに」
・「自分の人生を諦めた様子」を「夢が叶わないと決めつける」「自分は大したことがないと考える」
・「胸に応える」を「心苦しい」「かわいそうだと思う」「切ない」

と言い換えて記述したり、選択肢を探すことができれば正解となるでしょう。

4年生くらいまでの設問ですと、文章の検索能力や記憶能力を測定するために、「本文に書いてあるかどうか」を照らし合わせるだけのものが多い傾向にあります。

ただ、高学年になってくると「同じ意味だけれど変形している」という選択肢によって、「言い換えによる読解」の力を、出題側が測定するようになってくるのです。

抽象的に短く言い換えることができると、選択肢を検討するだけでなく、文と文の関係性をつかみやすくなり、文章全体の構造も理解しやすくなります。

豊島岡女子学園中学校の入試問題で、「4000字程度の文章を70字から90字でまとめよ」という問題が出題されました。

本文は割愛しますが、模範解答は以下のようなものでした。

「やる気」とは、ある行動を引き起こして、持続させる源であり、「行動すること自体が目的となる」内からのやる気と、「目的のための手段」である外からのやる気に分類されるものだ。

抽象的に短く言い換えることを「要約」と言います。

この90字程度の要約を読めば、4000字程度の文章の内容が、本文を読まずとも以下のような構成になっていることを想像できるのではないでしょうか。

1：「やる気」の話だと理解してもらうパート
2：「やる気」が行動を引き起こすものだという説明と例を示すパート
3：引き起こすだけでなく「持続」にも役割を果たすという説明と例を示すパート
4：「やる気」には2種類あるので、さらに詳しく見ていこうという導入パート

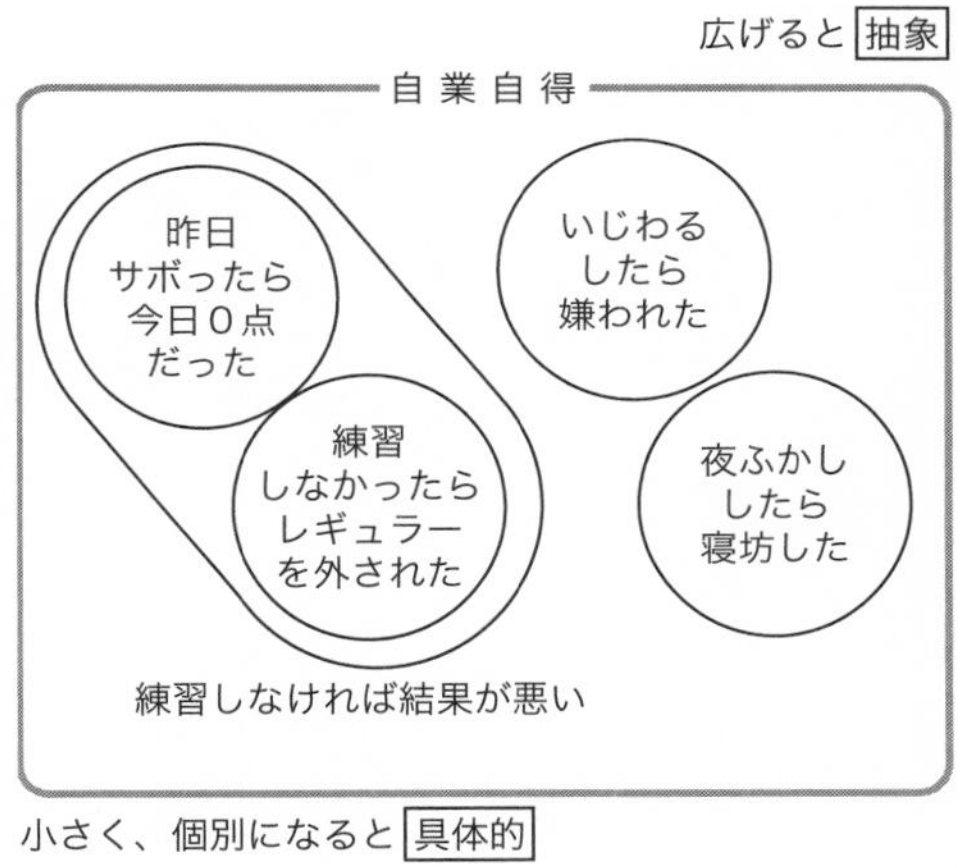
広げると 抽象
自業自得
昨日
サボったら
今日０点
だった
練習
しなかったら
レギュラー
を外された
いじわる
したら
嫌われた
夜ふかし
したら
寝坊した
練習しなければ結果が悪い
小さく、個別になると 具体的

5：外からのやる気についての説明と例
6：内からのやる気についての説明と例

逆に、「例」をすべて省き、「何が何だ」「何がどうした」というように主語と動詞にのみ着目して言い換えると、その言い換えは必然的に抽象的であり、短くなった「要約」となります。

このように要約できると、人に伝えやすくなりますし、さらに細かい問題を考えるときにも、内容を参照しやすくなります。

小問を解くたびに「こんなこと書いてあった？」「筆者って何が言いたいんだっけ？」と全部読み直してしまうようなことがなくなるのです。

常に言い換えながら読む

実際の出題では、「言い換えなさい」というわかりやすい指示があるとは限りません。しかし、正しい「言い換え」は常に許されていて、求められてもいるものです。

高学年の問題や実際の入試問題で多いのが、与えられた選択肢が出題者によってすでに言い換えられているものです。

具体的な選択肢を例にして、「言い換え」の練習を見てみましょう。

【問題】

次の文章はどういうことか。適しているものを（ア）～（エ）の中から1つ選びなさい。

「良い」という言葉の意味を強めるのに「素晴らしい」や「見事」とかがあると、私たちは「どのように良いのか？」をさらに検討することになる。

（選択肢）
（ア）言葉を強めるのにいろいろな言葉があると思考が止まってしまう
（イ）言葉の意味を強めるのにはいろいろな言葉が必要だ
（ウ）伝えるときに選択肢が多いと、物事を深く考える
（エ）いろいろな言葉があると選ぶのに迷ってしまうものだ
（オ）私たちが検討すると、さまざまな言葉が存在することになる

ポイントは「言い換え」です。つまり、言い換える元の文章をきちんと分析することが必要です。「明らかなウソ」のようないくつかの選択肢以外は、「なんとなく」では全部正解に見えてくるでしょう。

本文が長く、選択肢が短いので「抽象化」の作業になります。まずは本文を分解していきます。

1「良い」という言葉の意味を強めるのに

2「素晴らしい」や「見事」とかがあると

3　私たちは「どのように良いのか？」をさらに検討することになる

この3つのパートから成立しています。

1　「良い」という言葉の意味を強めるのに
を抽象化すると
「あることを表現するのに」
と考えることができます。

2　「素晴らしい」や「見事」とかがあると
を抽象化すると、

「言葉の選択肢がある」

となります。

3　私たちは「どのように良いのか？」をさらに検討することになる
を抽象化すると、

「私たちは、そのものを深く考える」

となります。

3つのパートの抽象化による言い換えをつなげると、

「あることを表現するのに、言葉の選択肢があると、私たちはそのものを深く考える」

となり、これは選択肢、

（ウ）伝えるときに選択肢が多いと、物事を深く考える。

が最も適していると判断できます。

言い換えはパーツの交換作業

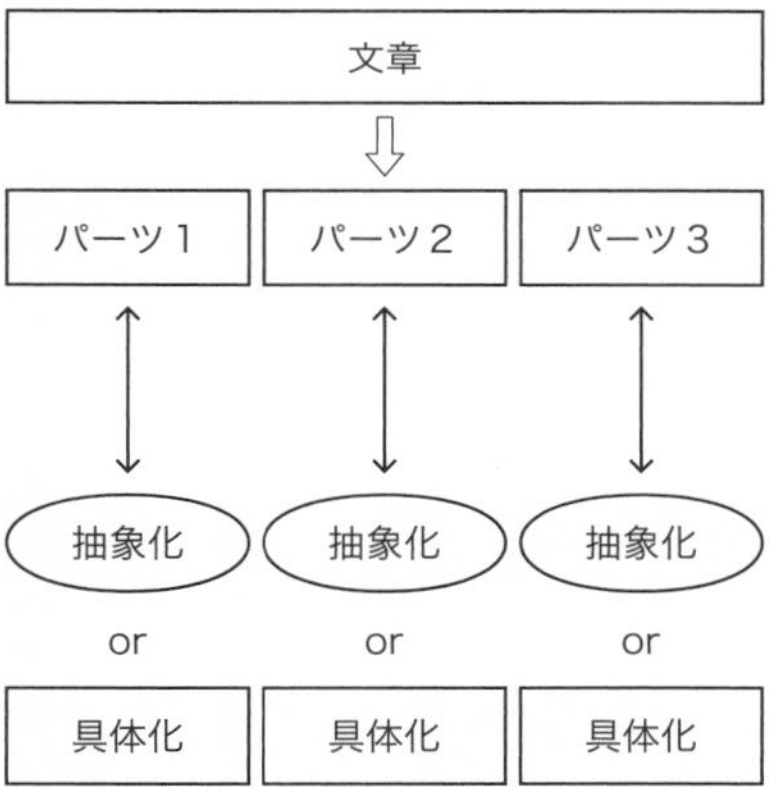

それでは、他の選択肢の誤りを検討してみましょう。

（ア）は、本文を3つのパートに分けて、それぞれ言い換えているという点では適切な作業をしています。しかし、

3　私たちは「どのように良いのか？」を
さらに検討することになる

を抽象化するところで、

「思考が止まってしまう」

という、**明らかに違う意味の言葉で言い換えてしまっています。**

（イ）と（エ）は、**誤りの選択肢をつくるのによく使われる手法**です。2つとも、

1「良い」という言葉の意味を強めるのに

2「素晴らしい」や「見事」とかがあると

の2つのみを使っています。

そこに、（イ）は「必要だ」、（エ）は「迷ってしまう」という単語によって、「一般的に」正しい文章をつくり上げています。

与えられた文章の内容の言い換えとして適切なものを選ぶという、問題文の趣旨から離れてしまっています。

（オ）は一番間違いが多い選択肢でしょう。まず、本文の言葉がそのまま使われているのがまやかしです。

これは「AならばB」を「BならばA」と言い換える誤りです。つまり、「さまざまな言葉が存在する」ならば「私たちはさらに検討するようになる」となり、この選択肢は、

「私たちはさらに検討するようになる」ならば「さまざまな言葉が存在する」という「逆」になっています。**一般的に「逆」は正しくありません。**詳しくは、この章の終わりで解説します。

東大の「記述」すら対応できる「言い換え」作業

元の文章をパートに分けて、それぞれの言い換え（具体化・抽象化）を考えるという手法は、「説明しなさい」という記述問題でも使える技術です。

東京大学の令和5年度、第2次学力試験「国語」の問題です。「仮面と身体」（吉田憲司）からの文を読んでの設問です。

「その意味で、仮面の探求は、人間のなかにある普遍的なもの、根源的なものの探求につながる可能性をもっている」とはどういうことか、説明せよ。

これは、50字程の文章を60字という長さにして説明する問題で「同じ意味のわかりやすい言葉で」言い換えろという趣旨（しゅし）です。

「わかりやすい」とは、「その文章だけを読んで意味が通じるように」することを目指すことです。

本文は割愛しますが、考え方・解き方を学ぶことは可能です。言い換えの元になる問題で与えられた文章を分割して、それぞれのパーツごとに言い換えていきます。

●1「その意味で」

「その意味で」では、なんのことなのかわかりませんね。「その」は指示語です。直前の文章の内容を指す機能を持っています。

つまり、「その意味」という指示語を使った省略表現ではなく、「その」が指す具体的な内容を抜き出して、言い換えることで、受験者がつくる解答だけを読んでも理解できるわかりやすいものにするということです。

本文では、直前に「遠く隔たった場所で酷似した現象がみとめられる」とありますので、ここを使うことになります。この部分の言い換えで文字の増加分を使うことになります。

●2「人間のなかにある普遍的なもの、根源的なもの」

「もの」も、なんのことなのかがわからない抽象的な表現です。これを具体的に言い換えます。

文章の中で指し示している直前に「思考・行動」という言葉がありますので、この言葉を使って言い換えます。

高校生ですと「普遍的・根源的」という言葉も言い換えたいところです。本文の中の言葉には「地域や民族の違いを越えて」「地域と時代を問わず」などの文章がありましたので、これらを使って言い換えることが考えられます。

●3「探求につながる」

この部分はそこまで抽象的な表現ではないので、小学生ならそのままでも許されるかもしれません。

あえて言い換えていくとしたら、「解明する」「本質的に理解する」などと言い換えることができるでしょう。

●4「可能性をもっている」

ここも小学生ならそのままでも問題ないかもしれません。中高生ならば「可能性をもっている」もそのまま書いたのでは芸がないので、「○○し得る」といった言い換えが考えられます。

試験後に発表された塾・予備校のさまざまな模範解答でも「○○し得る」という文末になっていました。

このように選択肢でも記述式でも、**出題者は「本文の内容を読めているか?」ということを確認するために「言い換え」を要求しています。**

「だから」「なぜなら」「たとえば」をキーワードに該当箇所を発見するだけでなく、該当箇所をさらに具体的・抽象的に言い換えることを求めているのです。

文章をパートごとに分解して、具体化・抽象化する手順を踏めば、「なんとなく」の判断から抜け出して、論理的な判断ができるようになることでしょう。

算数も「言い換え」で解ける!

次は算数の世界での「言い換え」です。国語の場合とは少し毛色が変わります。まずは例題を考えてみましょう。

Aさん、Bさん、Cさん、Dさんの4人がかけっこをしました。Cさんは1位でもビリでもなかったです。Aさんより先にゴールした人が2人以上いました。Bさんのすぐ後にDさんがゴールしました。

この文章を「言い換え」てみましょう。

Cさんは1位でもビリでもなかったです。**↓Cさんは2位か3位だった。**

Aさんより先にゴールした人が2人以上いました。**↓Aさんは3位か4位だった。**

Bさんのすぐ後にDさんがゴールしました。**↓Bさんはビリではなく、Dさんは1位ではなかった。**

いかがでしょうか？　このように「言い換え」を使って読み取ると、Bさん以外は「1位ではない」ことが明らかになり、Bさんの1位が確定します。

算数の問題文とは「条件文」です。 そして、条件文を言い換えることができるようになるとその威力は絶大です。

「言い換え」によって、使いやすい・理解しやすい情報になるのです。ただし、国語の「言い換え」と比べて、「言い換え」のルールは非常に厳格になります。

言い換え力を高める「逆」「裏」「対偶（たいぐう）」とは？

言い換えのときに知っておくべきことがあります。先に少し「逆」について触れましたが、「逆」「裏」「対偶」という考え方があります。

【問題】

「メガネを購入した人は、メガネケースも購入している」から言えることを選びなさい。

逆　：メガネケースを購入している人は、メガネも購入している

裏　：メガネを購入していない人は、メガネケースを購入していない

対偶：メガネケースを購入していないなら、メガネを購入していない

【答え】「対偶」以外は正しくない

「AならばB」に対して、**逆とは「BならばA」、裏は「AでないならBではない」、対偶は「BでないならAではない」**のことです。

問題文は「(A) メガネを購入した人　ならば　(B) メガネケースも購入している」という構造で、選択肢はこれをそれぞれの形式で言い換えたものです。「対偶」以外は正しくはありません。

国語の言い換えで「逆」については、少し触れました。「逆」「裏」「対偶」は高校生の数学で習う「論理」の範囲ですが、この仕組みで「誤った選択肢」をつくっている国語の問題も少なくありません。

このように「正確なルールに従った言い換え」が存在するのが算数・数学の世界です。逆・裏・対偶以外にもさまざまな言い換えのルールが存在します。

正確な言い換えのルールをすべて覚えるのは難しいでしょう。

しかし、**「これは別の言い方ができないか？」という視点で文章を検討していく姿勢が身につけば、読解力によって問題を解決する**ことができるようになります。

算数においては、「言い換えなさい」「説明しなさい」「本文の内容と合ったものを選びなさい」といった出題はありません。しかし、文章題では最も大切な技術です。問題文を読解した上で、「言い換え」という手段を使って、条件を使いやすくするのです。次の問題はロジムの教材からの抜粋です。

【ワーク】

「トマトが8個、みかんが10個あります」

この文章の言い換えを3つつくってください。

【解答例】

(ア) みかんはトマトより2個多い。

(イ) トマトはみかんより2個少ない。

(ウ) みかんを5個食べると5個のこる。

(エ) トマトがあと2つあるとみかんと同じ数だ。

(オ) トマトとみかんの合計は18個だ。

読解力が高い子は、瞬時に必要な言い換えをしているというよりも、さまざまな言い換えのパターンを考えながら読解を進めます。当てはめて試行錯誤しながら「使える言い換え」を探しているのです。

保護者の方は子供が頑張って言い換えたら、「そんな言い換えは役に立たない」とか、「違う！」という否定的な評価はしないでください。

「他には？」「できる限り探してみよう」というように、**「量をこなす」ことを目指して、声がけしてあげてください。**

できる子は、「しらみつぶしに言い換える」のが速いだけ！

ここで、ロジム流の「全部間違い」という「言い換えの訂正問題」に取り組んでみましょう。（ア）～（エ）の言い換えはすべて間違っているので、なぜ間違っているのかを考えてみてください。

【ワーク】

たかしくんとジェニーちゃんは、おなじだけお金をもって、コンビニに買いものにいきました。

たかしくんはアメを4個、ジェニーちゃんはチョコを2個買えました。2人ともお金をぜんぶつかいました。

(ア)チョコはアメより安い。
(イ)たかしくんはアメを1つへらせば、チョコを1つ買えた。
(ウ)チョコ2つはアメ1つと同じねだんだ。
(エ)たかしくんはジェニーちゃんよりたくさんお金をつかった。

(ア)、(イ)、(ウ)はチョコとアメが逆です。(エ)は、2人とも同じだけお金を使ったとあります。

これらの言い換えが正しくできていると、途中でうまく解けなくなったときや、答えを見直すときなどに確認することができます。

中学入試で頻出の有名問題をご紹介します。

Aさん、お兄さん、お父さんの3人がいます。
今年、お兄さんの年齢(ねんれい)はAさんの年齢の2倍で、お父さん年齢は、Aさんの年齢の

5倍です。お兄さんの年齢がAさんの年齢の1・5倍になるとき、お父さんの年齢は54歳になります。今年のAさんの年齢を求めてください。

この問題文を元に、「言い換え」で言えることを書き出してみましょう。

●レベル1

・お兄さんはAさんより年上
・お父さんはAさんより年上

●レベル2

・お兄さんは今年4歳、6歳、8歳のように偶数
・お父さんは今年5歳、10歳、15歳のように5の倍数

●レベル3

・（A、兄、父）＝（1、2、5）（2、4、10）（3、6、15）のように順番に調べていけば見つかる
・毎年みんな1歳ずつ年を取る
・年の差は変わらない

算数の条件はどんどん言い換える

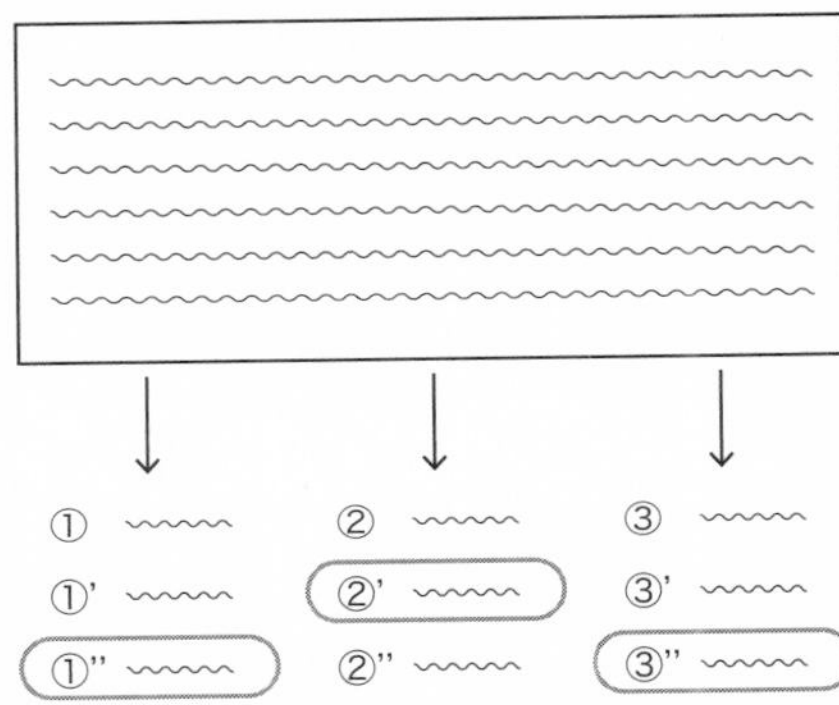

①''②'③'' の組み合わせなら楽に解ける!!

●レベル4

・Aが○歳なら兄は○×(カケル)2歳で、歳の差は○のまま

問題文を読むだけでなく、「言い換えてみよう」という視点を持つだけで、一気に正解までの道筋が見えてきます。

「よく読めば解ける」と抽象的に言われがちですが、これは「言い換えができれば条件が使いやすくなる」という意味です。

文章題を読む上で、「問題文は別の言い方ができるのではないか？」という意識を持つ。「言い換えの試行錯誤」をする習慣を身につけると、算数の文章題を解く力は大きく進歩します。

くり返しになりますが、算数の問題を解く力が高い生徒というのは、使える言い換えを瞬時に見つけるというよりも、レベル1からレベル4までの**言い換えをしらみつぶしにチェックしていくスピードが速い**のです。

誤答に導く3つのひっかけパターン

「言い換え」によって問題を作成するときに、正しいと錯覚してしまいがちな典型的選択肢のパターンが存在します。

しっかりと読まない生徒をふるい落とすことができますし、選択肢をつくるパターンとしても簡単なので試験では１つ２つは必ず含まれています。

いずれも「ぱっと見」では正しく見えるところが憎らしいというものなので、ぜひお子さんが正解できるように、注意深くチェックする力を育んであげてください。

【パターン1】「逆」は必ずしも正しくない

先に少しご紹介したものです。より詳しく解説します。

簡単な例で言えば、

たかしくんはメガネをかけている。

が正しくても、

メガネをかけているならたかしくんだ。

は、正しいとは言えません。
「逆」を使った問題の例をご紹介します。

【本文】

発展途上国は自国の発展のために、環境問題を優先することができない。

という文章を、

【逆】

環境問題を優先できないような国は、やはり発展途上国なのである。

という選択肢に誘導するような型の問題があります。

逆が正しくないのは、「それ以外にも当てはまるものがある」ことを考えていないからです。

つまり、発展途上国は確かに環境問題を優先することができないかもしれないけれど、先進国にも環境問題を優先することができない国はあるので、**「環境問題を優先できない国は発展途上国だ」とは言えない**のです。

【パターン2】方向性は類似だがそこまでは言っていない

	A	ならば	B	
逆	B	ならば	A	×
裏	Aでない	ならば	Bでない	×
対偶	Bでない	ならば	Aでない	○

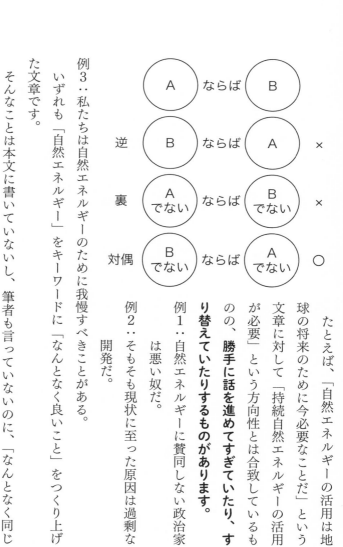

たとえば、「自然エネルギーの活用は地球の将来のために今必要なことだ」という文章に対して「持続自然エネルギーの活用が必要」という方向性とは合致しているものの、**勝手に話を進めてすぎていたり、すり替えていたりするものがあります。**

例1：自然エネルギーに賛同しない政治家は悪い奴だ。

例2：そもそも現状に至った原因は過剰な開発だ。

例3：私たちは自然エネルギーのために我慢すべきことがある。

いずれも「自然エネルギー」をキーワードに「なんとなく良いこと」をつくり上げた文章です。

そんなことは本文に書いていないし、筆者も言っていないのに、「なんとなく同じ方向性」ということで「正しい」と考えてしまう人が多い選択肢です。

実は、このタイプの「勝手な論理展開」は社会人の会話、議論でも多く見られるものです。

「A社が脱税した」という話から、「A社の商品はそもそも良くなかった」といった「A社が悪い」という方向さえ合っていれば、なぜか、あたかも論理的に導き出された事実かのように論じたり、それを信じてしまう方が多いのです。ネットの書き込みに多いパターンです。

【パターン3】一部分を切り取って、つなぎ合わせる

印象的な単語を切り取ってつなぎ合わせて、**新たな主張をつくり出したり、前提条件を省いて、過度に一般化したりしてしまう**ことがあります。

本文の言葉を使っているので、小学生ですと、「本文に書いてある！」と飛びついてしまったりします。

環境のために、家の外でもなるべく自分の箸やスプーンを用意したほうがよい。

この文の「なるべく」を読み飛ばして、

例1：自分の箸やスプーンの義務化は必要だ

という選択肢を正しいと思ってしまう子がいます。また、「環境のために」を読み飛ばして、

例２：家の外で自分の箸やスプーンを使うことがトレンドだ
　と読んでしまう子もいます。

選択肢の文章は、８割がた本文にある単語で構成されているので「正しい！」と認識してしまい、このような選択肢を選んでしまう子供は少なくありません。

また、このような読解をして、的外れな議論を始める作文も見受けられます。

「事情があって自分の箸やスプーンを用意できない人もいてかわいそうだ！」という反応はその典型ですね。


このような誤答パターンを知っておけば、自分の読解を確認できますし、意図的につくられたミスリーディングを誘う言説に惑わされることも減るでしょう。

ぜひ、この読解力を「社会を生き抜く力」として覚えておいていただければと思います。

私達は、楽をして「自分の読みたいように」言い換えてしまう習性があります。この厄介な習性を理解し、自覚し、丁寧な言い換え作業を心がけるようにしましょう。

【コラム】

読解力は作文力の源

読みにくい文章を書いてしまう人は、「文章を読み間違う」ということを「自分事」として考えられない人です。

「自分は日本語なんて簡単に読めて、他人も私のように読めるはずだ」という勘違いをしています。

逆に、本書で学んだように、「日本語では、さまざまな読み間違いがあり得る」「図式化すると読み間違いが減る」という経験が積まれていれば、自分で文章を書くときにもその視点が反映された「伝わりやすい文章」を書くことができます。

「自分の発信している文章や発言は、相手にどのように読み取られるのか？」を想像する力は、「自分はどのように文章を読み間違えるか」の積み重ねの産物なのです。

ですから、読解問題を正解か不正解かですましてしまわずに、「読み間違いの原因」をしっかりと分析する題材として使えば、最良の作文力向上の教材にもなるのです。

第6章

ここまでできれば、もう万全！「読解の上級テクニック」

～【読解力の分解トレーニング④】隠れた前提を読み取る～

なぜ、お弁当を隠したのか？
――感情語の「読み取り」と「付け加え」

最後は、**「本文に書かれていないことを読み取る」力を伸ばしましょう。**

「そんな無茶なことを要求するな！」と思われるかもしれませんが、小学生がテストで問われるものには、限られたパターンしかありませんので、ご安心ください。

まずは、「感情語」の付け加えについてです。

運動会のお昼の時間、みんなの豪華なお弁当を見て、ひろしは自分のコンビニ弁当を隠した。

非常によく問題に使われるタイプの文章です。

問いは「ひろしが自分のコンビニ弁当を隠した理由」を「選べ」だったり、「記述しなさい」だったりします。

「○○して」という言葉に注目すれば、「お昼の時間に、みんなの豪華なお弁当を見た」ことが理由だと言えます。

しかし、高学年の読み取りと記述では、それでは不足しているとされてしまいます。

つまり、**「みんなの豪華なお弁当を見ただけで、自分の弁当を隠すか？」という視点**を持つことを要求されるのです。

「隠すよ！」と思われる方もいらっしゃるかもしれませんが、記述問題としては「もう1つ要素を加えてほしい」というのが出題者の意図です。

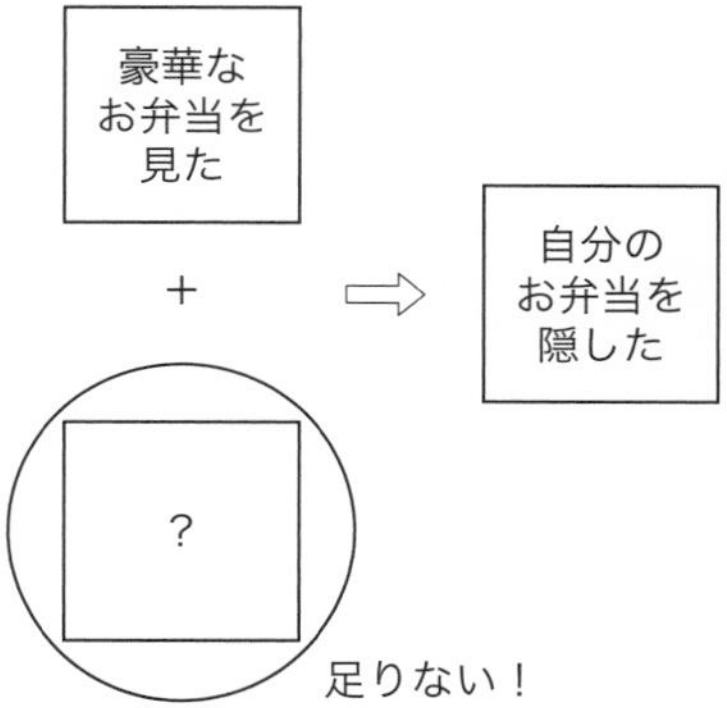
豪華な
お弁当を
見た
＋
？
足りない！
自分の
お弁当を
隠した

●高学年なら「もう1つ加えない」と×

慣れてしまえば簡単なのですが、

「みんなの豪華なお弁当を見た」＋「自分の弁当に恥ずかしさを感じた」

という足し算によって、初めて「自分の弁当を隠す」ことの理由として「納得感がある」という評価がもらえます。まさに原因チャートが威力を発揮するのです。

これは、「感情語」の読み取りと付け加えです。「恥ずかしさを感じた」は、状況が

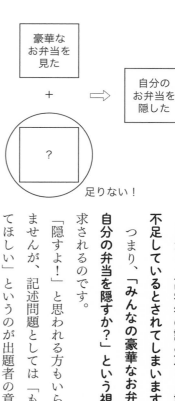

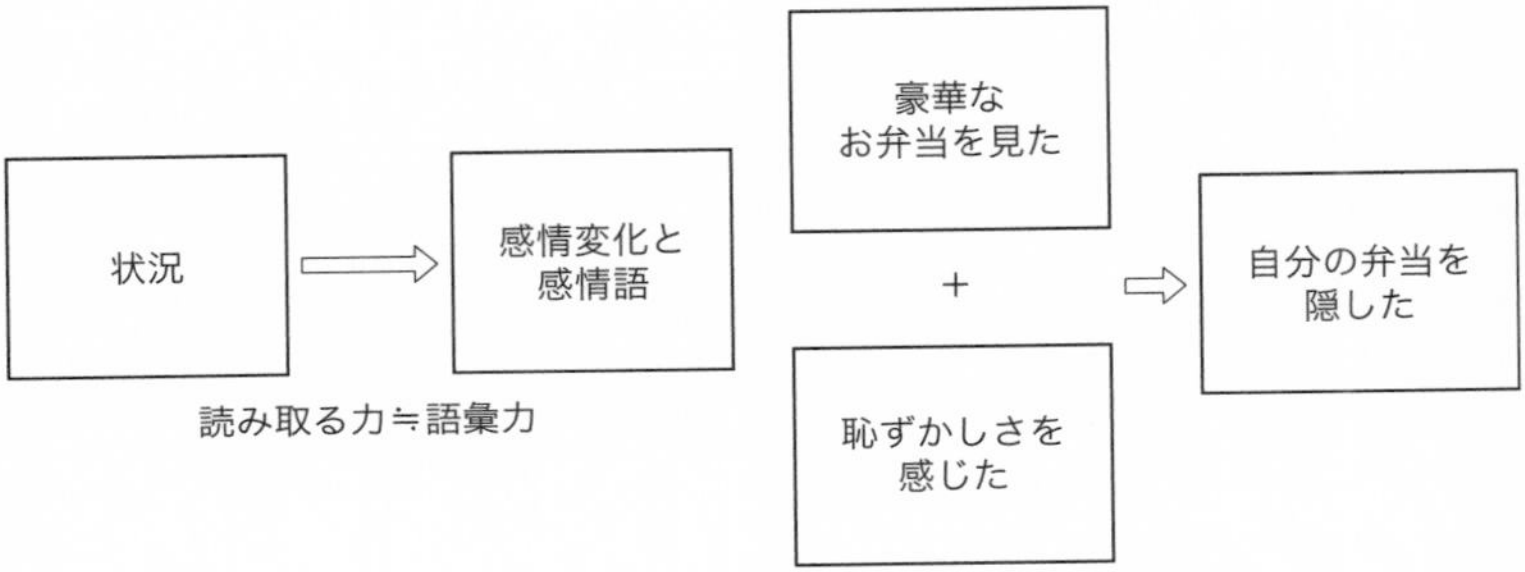
状況
感情変化と
感情語
読み取る力≒語彙力
豪華な
お弁当を見た
＋
恥ずかしさを
感じた
自分の弁当を
隠した

書かれているだけで、元になる言葉は〝直接は〟書かれていません。

よって、子供達にとっては「言い換え」というより、「付け加え」に近い感覚でしょう。

理由として適切な状況を読み取った上で、そこには書かれていない「感情の動き」を読み取る必要があるのです。

この読み取りは、**「感情語」の語彙力で解決**されます。「孤独感」「さみしさ」「劣等感」などの語彙を習得していないと、せっかく読み取れたり、なんとなく雰囲気を感じ取れたりしたとしても、それを表現できないのです。

選択肢の問題では、逆に出題者が「感情語」をそれぞれの選択肢に埋め込んでいます。この例文ですと、たとえば次のような感情語が埋め込まれる可能性があります。

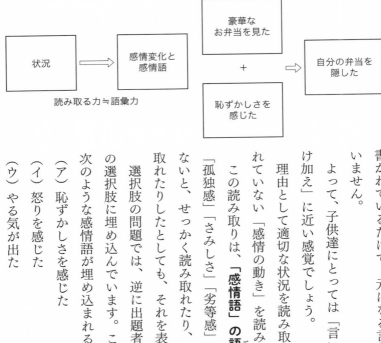

（ア）恥ずかしさを感じた
（イ）怒りを感じた
（ウ）やる気が出た

どの感情語も本文には直接は書かれていませんので、「状況」と「感情語」を結びつけて理解しておかなければ解答は難しいでしょう。

「今年」は書いても「去年」は書かない？――比較対象は隠されている

次は、「比較対象」が書かれていない文章の読解についてお話ししていきます。文章をわかりやすくするために、「比較」や「対比」といった手法はよく用いられます。

今年の夏は例年と比べてとても暑い。

この文章では、「今年の暑さ」を「例年の暑さ」という比較対象を置くことで違いを強調しています。

「今年の夏は暑い」とか「今年の夏はとても暑い」などよりも、**読み手が今年の暑さを読み取って想像しやすくする効果**があります。

外国では部屋では土足だが、日本では靴を脱ぐ。

この文章は「外国」と「日本」を対比しています。「外国と日本」という2つの項目の「違い」を強調するものです。

このように「比較」「対比」を活用すると、伝えたいことが際立ってくるという効果があります。しかし、**「比較・対比」の対象はしばしば省略されます。**次の文章を見てみましょう。

今年のタイガースは優勝する雰囲気が漂（ただよ）っている。

この文章には、比較対象が書かれていませんが、「去年までと違って」「去年までと比べて」が省略されています。

つまり、実際には**「去年より」「以前より」という基準と比べて、今年がすごいということを強調しています。**

都会では、人間関係が希薄でいざというときに困ってしまう。

この文章も書かれてはいませんが「都会」と「地方・田舎」を対比しているもので、「地方・田舎」については省略されています。

「都会」：人間関係が希薄
「田舎」：人間関係が濃密

という「都会」と「田舎」の対比であり、人間関係が「希薄」と「濃密」という比較をしているのです。

そうすることで、「都会の人間関係の希薄さ」がどのようなものなのかを読み取りやすくしています。

このように「比較・対比」は非常によく用いられるものですが、**「比較・対比」の対象やその内容が省略されていることが少なくありません。**

しかし、筆者の伝えたいこと・強調したいことを読み取るのに、たとえ省略されていたとしても「比較・対比」の対象は理解したいものです。

「は」が比較の目印

読解のポイントは、**助詞の「は」**と**「形容詞・副詞」**です。

助詞の「は」は、「が」と比べて、他のものの存在を想定して使われる傾向があります。

私がパンを食べた。

という文章と比べて、

私「は」パンを食べた。

では、私以外の人の存在が想定されていて、「他の人はおにぎりを食べ、私はパンを食べた」のように対比の対象を考えることができます。

日本「は」コロナ対策を厳重に実行した。

おにぎり「は」食べやすい。

ピアノ「は」お金がかかる。

といった文章を読んでいただけると、理解しやすいのではないでしょうか。

筆者の中に比較対象が存在することを理解して、それを補いながら読むことができると筆者の伝えたいことを明確に理解できるようになります。

また、一般的に問題文や課題文になるような文章を書くプロの書き手は、「違いに気づいた」「違いを伝えたい」という思いで書いているものです。

言葉の一つひとつに「暗黙の比較対象がある」と考えて、探る習慣が有効です。

日本「は」コロナ対策を厳重に実行した　↓　「外国は厳重ではなかった」
おにぎり「は」食べやすい　↓　「他の食べ物は食べにくい」
ピアノ「は」お金がかかる　↓　「他の習い事は安い」

「形容詞・副詞」で特別感を見つける

「形容詞・副詞」も、比較対象を見つける武器です。

ひろしくんは「早く」起きた。

この文章で使われている「早く」という副詞に注目です。
副詞はそもそも文章に必須（ひっす）の要素ではありません。にもかかわらず、筆者がわざわざ「早く」という言葉を入れています。これは、「今回が特別な状況であること」を示していると考えられます。

ひろしくんは「普段より早く」起きた。

ひろしくんは「他の人より早く」起きた。
ひろしくんは「遅く寝たのに早く」起きた。

などの比較対象を考えることができれば、そこから「なぜ今回はそのような特別なことが起きているのか？」を考えるスタートが切れます。単純な形容詞であっても同様です。

今日の空は青い。

この文章で使われている形容詞「青い」の比較対象を考えます。

「昨日の空より」青い。
「今日の海と比べて」青い。
「自分の今の気持ちと比べて」青い。

などを考えることができます。プロの書き手がわざわざ「青い」という形容詞を使っ

〈隠れた比較対象を確認しよう〉

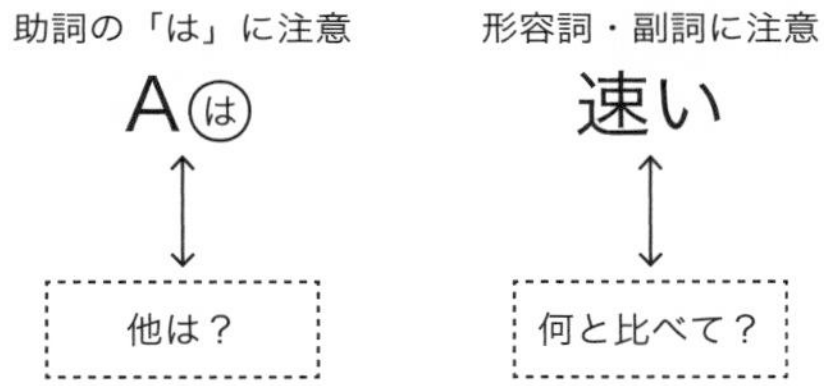

て文章を書くとき、それが単純な描写であることはほぼありません。

「何かと比べて青い」のであって、その対比・比較の対象が重要なのです。

「当然の前提は書かれない」というルールを知っておくこと！

また、ほとんどの説明文では、

「普通はこう思われているけど」

「普通はこうなるのだけど」

「今まではこう思われていたけれど」

という、比較対象の説明が当然の前提とされて、省略されていることが少なくありません。しかし、知識が足りない小学生だと「普通」を理解できません。

現在の大学では1年生から専門的なことに絞って学ぶ。

この文章の隠された対比は、

かつての大学では、1年生のうちは専門以外も学んだ。

です。対比に慣れてくれば、言葉の入れ替えによってこの文章をつくり出すことはできるでしょうが、この文章が持つ、

かつての大学では、1年生のうちは専門以外も学んで広く教養を高めた。

という意味まではつかめず、この文章の趣旨(しゅし)であろう「専門的なことに絞って学ぶと教養教育が欠落して問題がある」というポイントはつかみにくいのです。

対比に加えて、筆者がその比較により何を強調し、良しとし、問題だとしているのかを意識して確認する練習が大切です。

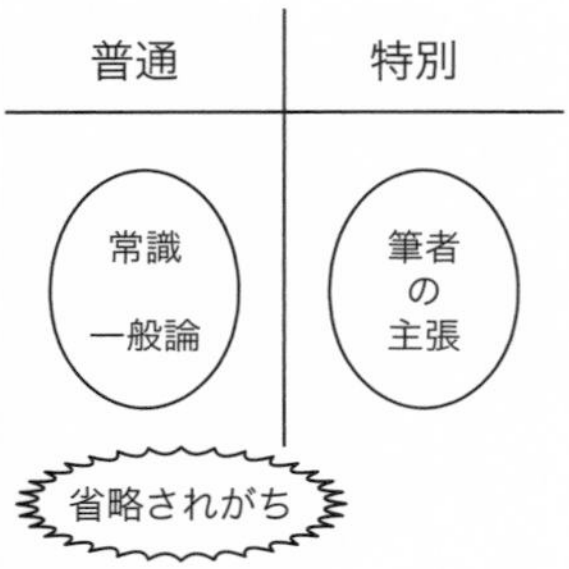

2022年の麻布中学校の問題を見てみてください(問題は少し短くしています)。

【問題】
「大丈夫大丈夫」と独り言を繰り返した理由を説明しなさい。

比較の視点１：「大丈夫大丈夫」と繰り返すことは普通か？　特別か？
比較の視点２：独り言を繰り返すことは普通か？　特別か？

比較の視点を取り入れると、必然的に、

１　「大丈夫大丈夫」と繰り返すことで表現されている「普通ではない状況」
２　独り言を繰り返すことで表現されている「普通ではない状況」

を、確認することで読解の深度が増していくのです。
では、練習問題です。

【問題】
空は青いな。　↓　「空」と「青い」を別の言葉にしてみよう！

低学年では、
地面は黒いな。
雲は白いな。
トマトは赤いな。
という、比較や対比ができるようになってきます。
これが、高学年になると、発話者の心情に注目して、

【問題】
空は黒いなというセリフを言った人が思い浮かべている「比べているもの」を想像してみよう。

という設問になります。すると、

昨日の空は明るかった。
自分の心は暗い。

自分の未来は暗い。

というように「空」の比較対象と、「黒い」の比較対象へと視点が深まっていきます。

「暗黙の常識・ルール」は大人が〝きちんと説明〟してあげること！

3つ目にご紹介するのは、子供に指導する機会のある方は非常に強く意識していただきたい、**「暗黙の常識・ルール」**です。スキーマとも呼ばれるものです。

会話をしたり、問題文を書いたりするときに、私達は「相手が読み間違いをしないために必要な情報やルール」をすべて表現することはできません。そうなると文章量が膨大(ぼうだい)になってしまい、非効率的だからです。

しかし、文章の読解をする際に、この「暗黙の常識・ルール」を読み取れていないと精度の高い読解はできません。

この「暗黙の常識・ルール」は教科書にもきちんと書かれていませんし、大人がきちんと説明してあげられているかというと、そうでもありません。

これは、いつの間にか「共有されているだろう」と考えられているものです。ですから、子供が間違えてしまったときには、一つひとつ説明してあげる必要があります。

「常識だろ!」などという、乱暴な突き放しは絶対にしてはいけません。

次の問題を見てみてください。


【問題】

1袋に5個ずつアメが入っています。32個のアメがほしいとき、何袋買う必要がありますか?

32÷5=6あまり2　答え6袋

この答えは、
2個という中途半端な数のアメが必要なときには、もう1袋買う必要がある。

という常識を理解できていない例です。

かけ算や足し算の計算だけで考えてしまうと、6袋で30個買えたところで思考が止まってしまいます。

もう1つ問題を見てみましょう。

【問題】
お父さんの年齢はAくんの年齢より24歳上です。お父さんの年齢がAくんの年齢の3倍になるとき、Aくんは何歳ですか。

中学入試でよく出るこの問題では「年齢差は変わらない」とか「全員1年1歳ずつ歳をとる」といった常識が前提となっています。「暗黙の常識・ルール」なので、当然そのことは書かれていません。

たとえば、時計算の問題で、「ある時点で遅れていた時計がいつの間にか進んでいた」という表現から、「この時計は正しい時計より早く進む」という常識を読み解くことが求められています。

入試問題として出題が続いているということは、このような**「暗黙の常識・ルール」の存在を覚えていなかったり、問題文から読み取れなかったりする受験生が少なくない**ことを意味しています。

文章読解における常識は、普通に暮らしていても簡単に身につくものではありません。年齢の問題も時計の問題も、中学受験を経験していない大人には難しいはずです。

テキストの模範解答にも明確に説明されているものではありません。

子供の「間違え方」を注視して、「書かれていない常識やルール」を見つけ出して、丁寧に説明してあげることが必要です。

これは先に、「隠れた比較対象」で触れた、「普通は」「一般的には」に関する知識と同じことです。

問題を間違えた際に、原因を探り、そこで明らかになった「当たり前」の欠落を一つひとつ丁寧に確認していきましょう。例を載せておきます。

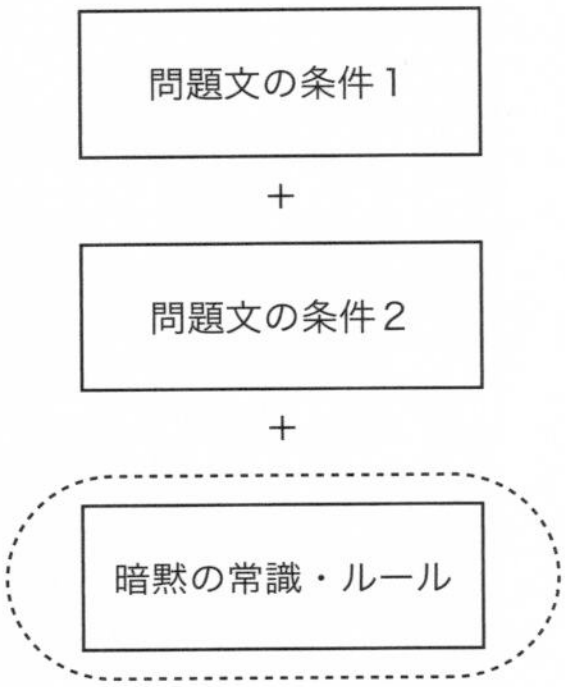

すべて設定を見つけ出し、
本当の答えを導き出せる！

【常識の例】

日付：最大31日
個数：整数
使った：減る
速い：より進む

「理解できない結論」には、隠れた前提がある！ ──違和感と対話する習慣を持とう

ビジネスのコミュニケーションの分野で「隠れた前提を探る」という考え方があります。相手が、自分と同じ情報を元にして考えているはずなのに、理解できない結論が出てきた場合に、実は相手は自分に対して明らかにしていない「隠れた前提」「隠れた条件・ルール」を持っているということです。

相手がわざと言っていない場合もありますし、無意識に使っているルールであったりもします。いずれにしても、それを探り当てて、問題解決のための議題として取り上げるのは簡単ではありません。

「筆者が想定しているのに書かれていないこと」を読み取るには、

「書かれていないことが存在する」

ということを理解した上で、

「何が書かれていないのかを探る」

という**2つのステップ**が必要です。

そもそも「書かれていないこと」の存在を意識しなければ、わざわざ探そうとは思

えないですし、探そうとしても見つけるには技術・知識が必要です。

この力を養うには、普段から「原因／理由─結論」をセットで考える習慣をつけるしかありません。

自分で結論まで出してみた上で、相手や文章中の結論との違いを見つけたり、違和感をいだいたときに初めて、「隠れた前提」を探る行動に至るからです。

積極的に「原因／理由─結論」のセットを発表して、他の人からの違和感や反論を受ける機会も貴重なものになります。次の問題は、「隠れた前提」の有名な問題です。

A：よく吠（ほ）える犬は弱虫だ。

B：うちのポチはよく吠える。

結論：うちのポチは弱虫とは限らない。

「あれ？　ポチは弱虫じゃないの？」という違和感が大切です。

そこから隠れた前提があるのではないか、つまり、A、B以外に何か隠れているのではないか？　と考えます。

これは「うちのポチはライオンだ」という隠れた前提があったという「とんち」のような問題です。つまり、「うちのポチは犬だ」という前提条件がそろわないと、「ポチは弱虫だ」とは言えないのです。

「隠れた前提」の存在や、お互いの「隠れた前提の違い」に気づくためには、結論までしっかりと出して、「同じ情報から違う結論が出た」ということに気づくことが必要です。

そのためにも、「読解をしながら自分だったらこういう結論になる」という「自分事」として考えながら読む姿勢が大切です。

それでは、「隠れた前提を探る」問題を考えてみましょう。

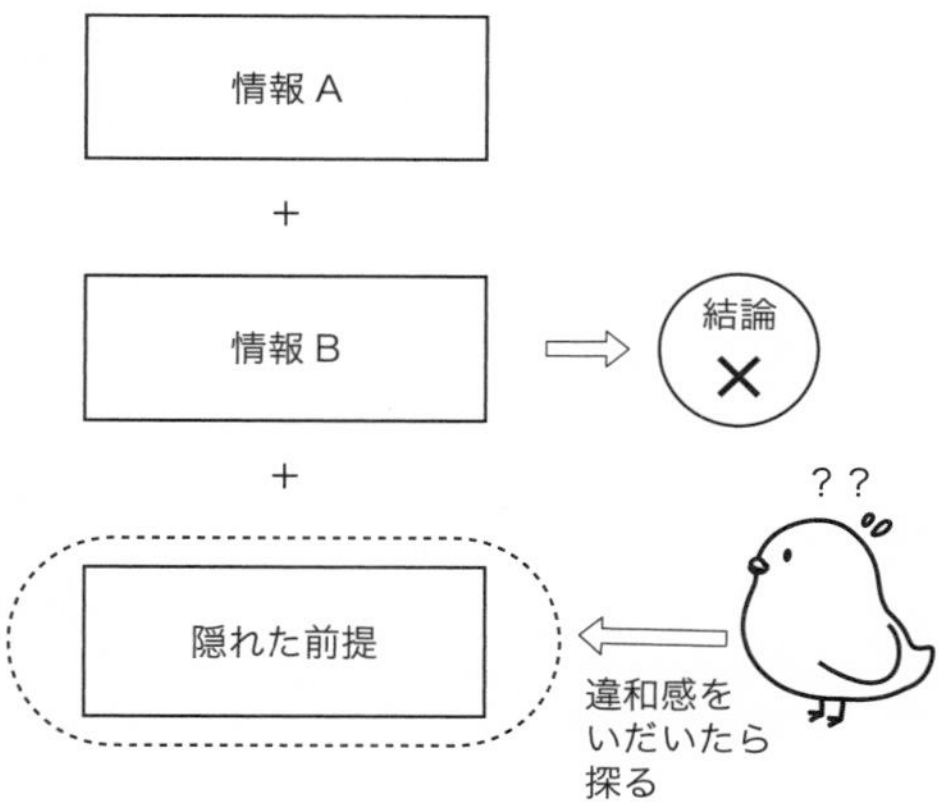

【問題】

（1）次の空欄に入る「隠れた前提」を考えてみましょう。

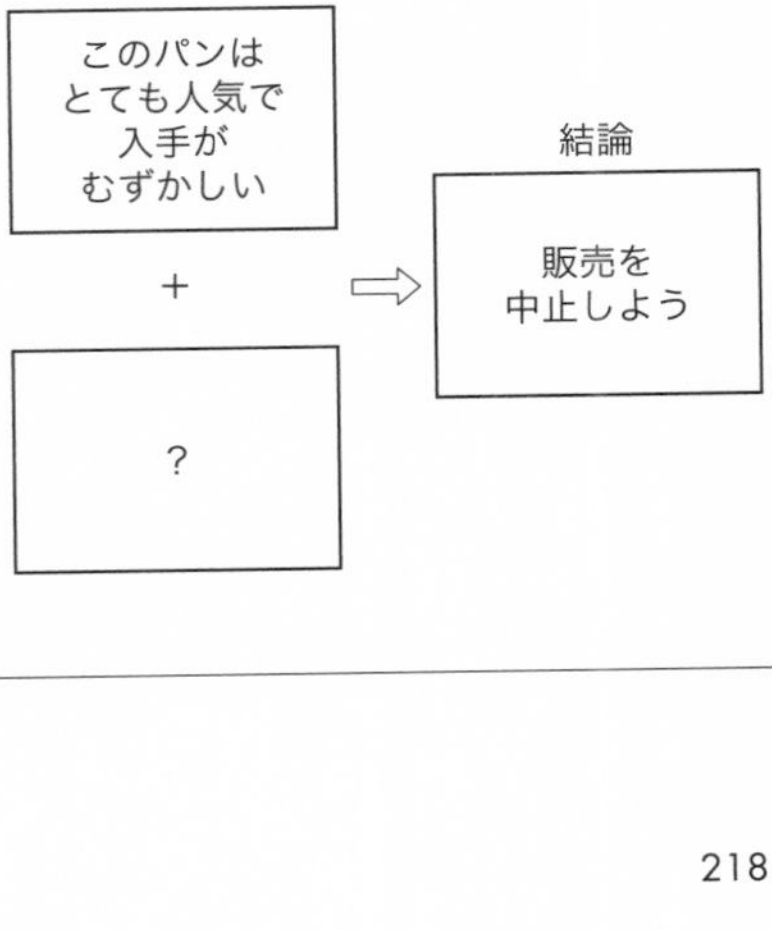

これは、違和感を覚えて「なぜだろう？」と考える必要がある問題です。普通なら、「たくさんつくろう」になるわけです。

小学6年生クラスでは、

・手に入れられない人はイライラして問題行動を起こす。
・たいして美味しくないのに期待だけ大きくなってしまってやばい。
・転売がニュースになって悪いイメージがつく。

といったものがありました。なかなか鋭い視点です。最後に、応用編です。

【問題】

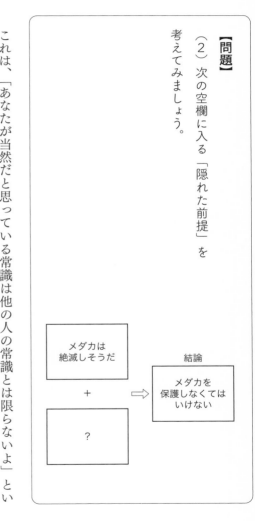

（2）次の空欄に入る「隠れた前提」を考えてみましょう。

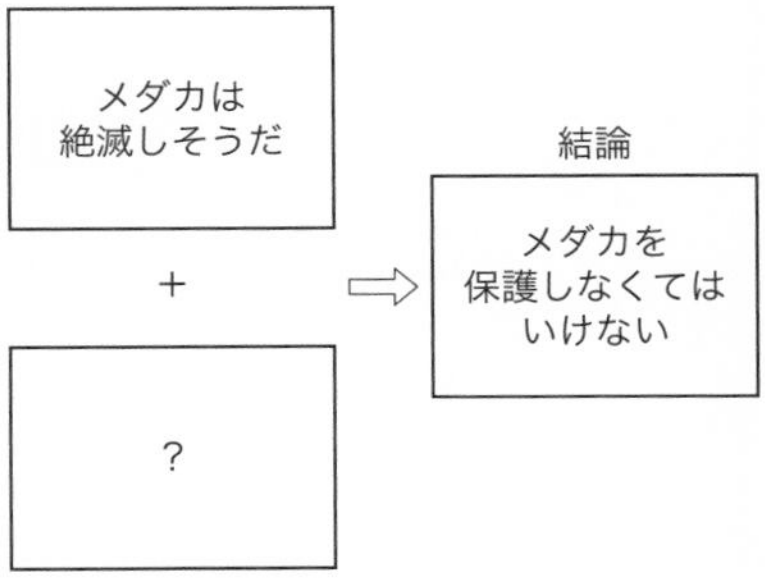
メダカは
絶滅しそうだ
+
?
結論
メダカを
保護しなくては
いけない

これは、「あなたが当然だと思っている常識は他の人の常識とは限らないよ」というタイプの問題文でよく見られる論法です。

絶滅の危機にある動物は保護する必要がある。

というのが答えの例です。

たとえば、ニュースなどで、「これは理解できないな」という事件を目にしたら、「当事者は一体何を考えてこのようなことをしたんだろう」と探る対話をしていくと、「隠れた前提」を読み取る力が養われることでしょう。

エピローグ　まずは大人が理解し、変わろう
～子供の読解力を伸ばせるのは、あなたしかいない～

●バケツの穴から「授業」も「読書」も流れ落ちる

「新しい教材なんてやっている時間はない」

ロジムが論理的読解力の教材を導入し始めた頃に、このような反応もありました。

しかし、読解力は国語の時間にだけ意識すればよいものではありません。

むしろ、算数や理科、そして普段の生活の中での説明書など、「一般的な読解力があれば同じ意味に捉えてもらえる」ということを前提として書かれた数行の文章を読むときのほうが重要です。

なぜなら、ここでの読み間違いは大きな差・損失につながるからです。
・兄の年齢を弟の年齢と読み間違えれば0点
・「Aという条件の下で」を読み飛ばせば0点
なのです。

しかし、「国語」の時間と違って、「読む」という作業を踏まえて、計算する・行動

することを求められる場面では、どうしても「読む」をおろそかにしてしまいます。「読む力」は「国語」の担当であり、その他については、それぞれ特有の知識や考え方を紹介するためにあるという分担は効率的だとは思いますが、「読む力」の指導が追いついていません。

他の科目・場面で最低限求められる読解力がないままに授業を受けていて、しかも**学力が上がらない原因が「読解力」だと気づいていないことが多い**のです。

穴の空いたバケツにどんどん水を注いでいるように、「読解力」がない状態ではどのような授業も読書も内容が頭から抜けていくだけです。

「学年別に設計されたカリキュラムをこなさなければ」という危機意識は強いのかもしれません。しかし、「読解力」のために、親が（できれば指導者の方も）「急がば回れ」の精神で時間を割いてあげてほしいと思います。

●中学校は「入学後に身につけるのが簡単ではない力」を持っている子が欲しい

入学後の指導によってすぐに身につけられるような知識や技術であれば、試験で見抜く必要はありません。

選抜する側の論理としては、「入学する上で持っていてほしい」つまり**「入学後に**

身につけるのが簡単ではない」力を持っているか見抜きたいと考えるのは当然です。

その点で、「読解力」に注目が集まっているのは当然でしょう。時間も手間もかかるので、学校の集団授業では力を伸ばすのに限界があるのではないかと思います。

つまり、現状では「試験で診断可能だけれど、対策には時間がかかる」という評価なのが読解力なのです。

この本を手に取ったあなたは「子供の読解力」の重要性にいち早く気づき、取り組もうという姿勢をお持ちです。

「日本語の読解力」を分解してご理解いただき、どこに弱点があるのかを細かく把握できるようになっていただいたことと思います。問題設定がうまくできれば、問題解決への道も半ばまで来たようなものです。

ご家庭での対話が最も大切な機会です。

あらゆる科目の解き直しが、読解力を高める貴重な教材になり、さまざまな場面を活用して伸ばしていけることもご理解いただけたはずです。

●とにかく褒めて、心穏やかに

重要なのでくり返しますが「日本語の指導」は、指導するほうも指導されるほうもケンカ腰になりがちです。

「ちゃんと読みなさい！」「読んでるよ！」という修羅場の経験は、ご家庭での勉強指導をしたことがある方は一度や二度ではないはずです。

「ちゃんと」というあいまいな言葉を使わずに、

「この言葉をてんとう虫ボックスで考えると？」

「2階建てボックスの上はどうなってる？」

「条件をチャートで整理してみようか？」

といった**具体的なやりとりを目指してほしい**のです。

「うちの子、問題文をしっかり読まないんです」とか「ミスが多くて困ってます」ではなく、「言い換えの語彙力が足りないかもしれない」とか「条件を間違えて把握していることが多い」といった具体的な問題設定が必要なのです。

それは、「てんとう虫ボックスでこの問題を正解できた」「次は描き忘れないようにしよう！」というように、子供が達成感と前向きな問題解決への意識を持つことにつながります。

おわりに――最後にお父さん、お母さんに伝えたいこと

「情報を正確に読めない人は、さまざまな場面で損をしている」というのが、「読解力」をしっかり取り扱おうと考えたきっかけです。

教科書に書いてあることを家で理解できずに、学校や塾で先生に会うときまで理解できないというのでは勉強が進みません。

それ以上に、世の中にあふれているさまざまな選択肢を理解することができずに、たまたま目の前に現れたものを選択してしまう。勉強の場面はもちろんのこと、社会におけるあらゆる場面で「読解力の欠如」によって被る損害が非常に大きくなってきているのです。まさに、「読解力は生きる力」だと言える時代です。

その点で、算数・理科・社会でも読解力が問われるようになった流れは当然かもしれません。取り組むべき問題が変化している以上、私達の「読解力」に関する考え方も変化していかなければなりません。

本書を通して、「論理的に考える日本語読解力」の大切さをご理解いただき、学び方をアップデートするきっかけとなることを願っています。

あなたのお子様に、読解力を授けてあげてください。子供達は、テストだけではなく、人生のあらゆる場面で、多くの恩恵を得られるでしょう。

苅野進

著者紹介

苅野進　学習塾ロジム代表兼代表取締役。経営コンサルタント。東京大学文学部卒業後、経営コンサルティング会社を経て、2004年学習塾ロジムを設立。小学生から高校生を対象にした「論理的思考力」「問題発見・設定力」「解決力」を鍛える学習塾は、単なる知識の勉強という枠を超えて子どもの可能性や能力を最大限に引き出すということで大人気。
本書では、難関中学校の入試問題やロジムの教材などを素材に、これからますます求められる「読解力」を、親が家庭で伸ばすコツをまとめた。教育に関心がある親なら一度は読んでおきたい一冊。

ロジム　https://lojim.jp

9歳からの読解力は家で伸ばせる！

2023年12月30日　第1刷

著　者	苅野　進
発行者	小澤源太郎
責任編集	株式会社 プライム涌光 電話　編集部　03(3203)2850
発行所	株式会社 青春出版社 東京都新宿区若松町12番1号 〒162-0056 振替番号　00190-7-98602 電話　営業部　03(3207)1916

印刷　三松堂　　製本　大口製本

万一、落丁、乱丁がありました節は、お取りかえします。

ISBN978-4-413-23337-8 C0037